MARIELA GUTIERREZ

LOS CUENTOS NEGROS DE LYDIA CABRERA

(ESTUDIO MORFOLOGICO ESQUEMATICO)

P.O. Box 450353 (Shenandoah Station)
Miami, Florida, 33145., U.S.A.

Library of Congress Catalog Card No.: 86-80151

I.S.B.N.: 0-89729-389-4

Depósito legal: B. 34.467 - 1986

Printed in Spain *Impreso en España*

Impreso en los talleres de Artes Gráficas de Editorial Vosgos.
Avda. V. Montserrat, 8. 08024 Barcelona. España.

EL MITO PARADISIACO

Con la imaginación el hombre es capaz de ver el universo en su totalidad, ya que el poder y la misión de las imágenes es mostrar todo lo que permanece refractario al concepto: o sea la desaprobación, la caída en desgracia, y el fracaso del hombre «sin imaginación»; éste es privado de una realidad más profunda de la vida y por lo tanto de su propia alma.

MIRCEA ELIADE, *Imágenes y símbolos*

PROLOGO

NTU: La filosofía africana

> Vuelven los tiempos primordiales, la unidad nuevamente encontrada...
>
> LÉOPOLD SÉDAR SENGHOR

La filosofía africana no se basa en la imagen tradicional del mundo en el sentido europeo; aún así la visión cósmica africana no está completamente divorciada de la visión cósmica europea; sin embargo, la «armonía universal» africana se expresa de otra forma, la cual, a veces, parece ser extraordinaria, desde el punto de vista europeo.

En la imagen africana del mundo todas las entidades individuales se encuentran unificadas en un modelo absoluto, y ligadas a éste de tal forma que si un solo elemento faltase, la estructura se rompería por completo. Este fundamento de la unificabilidad de los elementos corresponde al pensamiento africano tradicional, y no exclusivamente a sectores individuales de éste (yoruba, congo, bantú, etc.).

Un escritor yoruba, Adeboye Adesanya, nos describe la armonía cósmica africana de la manera siguiente: «No hay ahí únicamente una relación de hechos y religión, de religión y razón, de razón y hechos casuales, sino una relación o unificabilidad recíproca de todas las disciplinas. Cuando una teoría médica contradice por ejemplo a una conclusión teológica, se desecha ésta o se desecha aquélla. La exigencia de una unificabilidad recíproca de todas las disciplinas elevada a sistema es el arma principal del pensamiento yoruba. En el pensamiento griego es posible poner entre paréntesis a dios sin que sufra daño alguno la arquitectura lógica del pensamiento griego. Esto no puede hacerse en el yoruba. El pensamiento medieval podría, si así se quisiera, renunciar a la ciencia natural. En el pensamiento yoruba esto sería imposible. En el moderno pensamiento científico-natural, Dios no tiene cabida. Esto no podría suceder en el pensamiento yoruba, pues desde Olodumare se erigió un edificio de conocimientos en el que el dedo divino se manifiesta todavía en los elementos más rudimentarios. La filosofía, la teología, la política, la ciencia social, el derecho agrario, la medicina, la psicología, el nacimiento y la muerte se encuentran abarcados en un sistema lógico tan cerrado que la estructura se paralizaría si se extrajera de él una sola parte.» [1]

Debemos mencionar que se ha comprobado que los sistemas del pensamiento africano, aunque varíen en los detalles y peculiaridades, coinciden en toda África y Afroamérica en sus fundamentos. Cinco estudios fueron realizados en cinco regiones diferentes del globo terráqueo, y todos llegaron a la misma conclusión: los iniciadores del pensamiento africano tenían los mismos fundamentos de base.

Los pueblos estudiados fueron: los balubas, los ruandeses, los dogones, los bambaras, y los haitianos. Los estudiosos del sistema fueron: el padre Placide Tempels (La Philosophie Bantoue, *Amberes, 1946), Marcel Griaule* (Dieu d'eau, *París, 1948), Germaine Dieterlen* (Essai sur la religion bambara, *París, 1951), Maya Deren* (Divine horsemen, the living gods of Haiti, *Londres, 1953), and Alexis Kagame* (La philosophie bantu-rwandaise de l'être, *Bruselas, 1951).*

Para los africanos, el universo se encuentra unido por una fuerza universal, Ntu, que entrelaza todas las formas fenoménicas entre sí. O sea, Ntu es «el punto original de la Creación», es esa fórmula única y primigenia de la cual salió todo lo creado, sea ya hombre, animal o cosa; podemos decir que Ntu es la materia y el espíritu, unificados en un punto donde no pueden separarse.

Según el pensamiento africano, Ntu es el motor, del cual emanó la vida, y desde entonces el Universo se recrea continuamente a sí mismo, enunciando la Creación como un continuo renacer. Sin embargo, en la Creación primera, en el Génesis, hay un Dios, el gran Muntú, creador y progenitor primordial, que abandona su creación después de haberla concluido. Él está omnipresente siempre, pero no se mezcla con el sistema que creó.

El sistema creado por Dios (quien posee un sin fin de nombres) es un sistema de regeneración el cual opera en tres par-

1. Adebayo Adesanya, «Yoruba metaphysical thinking», *Odú*, V, Ibadan, 1958, pág. 39.

tes: creación/muerte/resurrección. Este sistema es, en suma, sinónimo del balance absoluto de la Creación: equilibrio/desequilibrio/equilibrio.

Como hemos visto, el fundamento africano de la Doctrina de la Creación se basa en el proceso de la germinación perenne de la realidad inmediata, sin la nostalgia judeo-cristiana del Paraíso Terrenal; ya que para el africano la realidad inmediata es copia o recreación de una realidad absoluta superior.

Sin embargo, el Paraíso Terrenal existe en el pensamiento africano; lo que diferencia la concepción africana de la occidental es que el africano cree en un Paraíso que se regenera continualmente. La copia terrena de este paraíso se encuentra en el bosque —lugar donde se unifica todo el Universo—: Dioses, hombres, espíritus, animales, plantas, cosas. En el bosque existe una constante regeneración de las fuerzas del Universo, en él nada se destruye, todo se renueva incesantemente.

Aún más, el bosque es «el Alfa y Omega de la existencia religiosa del africano»,[2] *el que representa, en el pensamiento africano, el Cielo y el Infierno en sí mismo. Este fenómeno tiene lugar como consecuencia del abandono de la Creación por el Dios Creador, el cual se desliga con su huida del destino de los hombres. Por lo tanto, la falta del Creador lleva al africano a venerar la naturaleza. Es allí, en el bosqse, donde habitan dioses buenos y malos porque es el Cielo y el Infierno a la vez; sin olvidar que el bosque es también un lugar de peregrinación y sacrificios religiosos.*

Como el resto del Universo, los hombres siguen el sistema de la regeneración nacer-vivir/morir/resucitar (equilibrio/desequilibrio/equilibrio). Es por eso que en la filosofía africana también existe la creencia en la resurrección y en la supra-vivencia de los muertos, quienes existen después de la muerte como fuerzas espirituales que se mantienen en relación con su descendencia.

Tampoco debemos olvidar que la filosofía africana está relacionada intrínsecamente con su propia mitología. Los mitos africanos aparecen uno tras otro; relacionados lógicamente uno con el otro, y así como resultado total surge un perfecto sistema cósmico libre de toda contradicción. Este sistema se refleja en los ritos, en el orden social, en la construcción de las habitaciones y en los objetos de uso diario. Sin embargo, ante todo, existen ciertos principios filosóficos que se revelan como fundamento de este sis-

2. Mercedes Cros Sandoval, *La religión afrocubana*, Madrid, Playor, 1975, pág. 60.

tema y que se identifican con los análisis de Tempels, Deren, Dieterlen, y Kagame, mencionados anteriormente: «Los mitos eran una artimaña para hacer comprender a la generalidad de los hombres a través de imágenes lo que conceptualmente no habrían podido captar.» (...) «Los mitos solucionaron el problema de hacer comprensibles en la plaza del mercado las conclusiones a las que había llegado la torre de marfil.» [3]

Por último, la muerte en el pensamiento filosófico africano no es símbolo de destrucción como se la representa en el Occidente. La muerte no detiene el proceso de la vida, o sea, un muerto sigue existiendo como fuerza espiritual protectora de sus descendientes. Amos Tutuola escribe: «Mi primo muerto me instruía en cursos vespertinos como se debe uno comportar como muerto, y a los seis meses me habían calificado como muerto perfecto.» [4]

Escritores afroamericanos modernos, como Paul Vesey, retornan a la representación africana de la muerte: «...si supiera donde gime esta noche el padre de mi sombra, si supiera donde gime...». [5]

Finalmente, podemos afirmar que el sistema filosófico que hemos planteado no es únicamente válido para los bantúes, los dogones, los bambaras, y el Africa en general; también lo es para la totalidad de la cultura africana, tanto la tradicional como la reciente afroamericana. Este sistema filosófico se encuentra estrechamente unido a la mitología del pueblo africano, y ha permeado la literatura africana y la afroamericana, ambas con la misma abundancia.

Exponemos más adelante este sistema como punto de partida de nuestro análisis morfológico-estructural de los cuentos de Lydia Cabrera, ya que en esta obra afroamericana se encuentra representado en varias ocasiones el esquema arquetipo de la «armonía universal» que caracteriza el sistema filosófico-mitológico africano.

3. Adesanya, ob. cit., pág. 41.
4. Amos Tutuola, II, *My life in the bush of Ghosts*, London, Faber & Faber, 1954, pág. 152.
5. Paul Vesey, *Elfenbeizähne - Ivory Tusks*, Heidelberg, Rothe, 1956, pág. 29.

INTRODUCCIÓN

En los capítulos a continuación, es nuestra intención la de poner a prueba el método utilizado por Claude Bremond en su artículo «Postérité américaine de Propp»,[1] en el contexto de varios de los cuentos negros de la escritora cubana Lydia Cabrera en los volúmenes *Cuentos negros de Cuba, Por qué* y *Ayapá, cuentos de Jicotea.*

La terminología que hemos escogido es la presentada por Kenneth C. Pike en su libro *Language in Relation to a Unified Theory of Structure of Human Behavior,* y por Alan Dundes en su artículo «The Morphology of North American Indian Folktales» en la revista *Folklore Fellows Communications;* dando como resultado que llamemos a la función MOTIVEMA, y a las diferentes variantes de esa función ALOMOTIVOS.

En el estudio morfológico-esquemático que llevamos a cabo pasamos a un primer plano ciertas nociones de base dejadas de lado en el análisis de Propp, sin cambiar teóricamente el principio del mismo. En nuestro análisis utilizamos el modelo propuesto por Bremond en el artículo ya citado, con el fin de probar que existen secuencias motivémicas que se repiten en varios de los relatos que forman parte de los tres volúmenes de cuentos negros de la autora.

En lo que concierne a nuestro modelo nuclear, utilizamos una matriz dotada de funciones estructurales en trío (equilibrio/desequilibrio/equilibrio). Primero existe un estado de equilibrio inicial que llamamos «plenitud», seguido de un estado de desequilibrio o «carencia», y por último hay un retorno al equilibrio inicial a través de la «plenitud recobrada». Por ende, como estamos de

1. Claude Bremond, «Postérité américaine de Propp», en *Logique du récit,* París, Seuil, 1973, págs. 59-80.

acuerdo con Claude Bremond[2] en que la secuencia motivémica debe tener tres fases, presentamos un «état de départ», un «processus proprement dit» y un «résultat», dentro de un modelo que presenta dos secuencias motivémicas combinadas una con otra por «accollement».[3]

En el capítulo I presentamos una introducción detallada del análisis que dedicamos al tema de la astucia, el cual consta de una síntesis y de un boceto morfológico por cada cuento de los dieciséis escogidos, en los cuales reina el tema antes mencionado. En el capítulo II seguimos el mismo patrón, sólo que lo dedicamos a los temas de la astucia, de la venganza y del mejoramiento, los que se encuentran en trece de los cuentos. Finalmente, en el capítulo III, dedicado a los alomotivos, comentamos sobre las características antropomórficas que poseen los personajes, al ser agentes y pacientes de las secuencias motivémicas.

Al llegar a la Conclusión hacemos la síntesis entre la ecuación equilibrio/desequilibrio/equilibrio, correspondiente al pensamiento filosófico africano de la «armonía universal», y su manifestación física en los cuentos de Lydia Cabrera.

ESQUEMAS NUCLEARES

Los esquemas que utilizaremos serán los siguientes:

I. Modelo relacionado con el TEMA DE LA ASTUCIA (Cap. I)

A. *Perspectiva del Protagonista*		B. *Perspectiva del Antagonista*
1. Carencia	vs.	1. Plenitud
↓		↓
2. Maniobra de Fechoría	vs.	2. Víctima de Fechoría
↓		↓
3. Plenitud parcial	vs.	3. Carencia
↓		↓
4. Víctima de la Astucia	vs.	4. Maniobra de Astucia
↓		↓
5. Carencia no suprimida	vs.	5. Supresión final de la Carencia

2. Ibíd., cf. especialmente pág. 69.

3. Íd., «La logique des possibles narratifs», en *Communications*, n. 8, 1966, pág. 64.

II. Modelo relacionado con los TEMAS DE LA ASTUCIA, LA VENGANZA, y EL MEJORAMIENTO (Cap. II)

A. *Perspectiva del Protagonista*		B. *Perspectiva del Antagonista*
1. Carencia	vs.	1. Plenitud
↓		↓
2. Maniobra de Fechoría	vs.	2. Víctima de Fechoría
↓		↓
3. Plenitud parcial	vs.	3. Carencia
↓		↓
4. Víctima de: Astucia Venganza Mejoramiento	vs.	4. Maniobra de: Astucia Venganza Mejoram.
↓		↓
5. Carencia no suprimida	vs.	5. Supresión final de la Carencia

CAPITULO I

ESTUDIO MORFOLOGICO-ESQUEMATICO DE LOS CUENTOS DE LYDIA CABRERA

Tema de la Astucia en *Cuentos negros* y *Ayapá*

Los cuentos negros, como el folklore en general, valorizan la astucia como medio posible de vencer obstáculos, y es por ello que, antes de adentrarnos en el análisis del tema de la astucia, querramos hacer resaltar el valor que tiene este concepto en la sociedad africana.

En los cuentos de Lydia Cabrera hemos hecho un censo sobre el empleo de la astucia como medio de salirse de apuros. Hemos escogido 16 cuentos entre los 41 que comprenden los volúmenes de *Cuentos negros* y *Ayapá,* que destacan la astucia como un medio común de obtener un resultado satisfactorio, ante el peligro de un desequilibrio del orden establecido.

También estamos conscientes de que el conflicto que emana de la situación inicial, entre un presunto protagonista y un presunto antagonista, se desarrolla en una secuencia de acontecimientos donde la intriga es bidimensional, ya que en cada momento se analiza la acción del protagonista paralela a la acción del antagonista.

En los cuentos negros, siempre existe un estado de carencia que debe ser eliminado para poder llegar a un estado de plenitud que devuelva el equilibrio inicial (Supresión Final de la Carencia), reforzando la idea de EQUILIBRIO/DESEQUILIBRIO/EQUILIBRIO. Este equilibrio inicial (Plenitud) se encuentra, en la mayoría de los cuentos que analizamos, en la perspectiva del antagonista, y esa Plenitud será perturbada por una Maniobra de Fechoría por parte del protagonista, para ser recobrada gracias a la Maniobra de Astucia del antagonista, recuperando de esta forma el equilibrio perdido. Sin embargo, algunos de los cuentos no empiezan donde empiezan los demás; en general los cuentos empiezan con el héroe (casi siempre Jicotea) en una situación de Plenitud frente a otro personaje en situación de Carencia, personaje que actúa por lo tanto como protagonista. En cuentos como «El juicio de Jicotea», la situación inicial del héroe no es la de «plenitud» sino la de «carencia»; por lo tanto, en estos cuentos, al héroe astuto lo consideramos como protagonista, a sabiendas de que llamamos protagonista al personaje que le da su primer impulso a la acción.

Dentro del tema de la astucia, la ecuación EQUILIBRIO/DESEQUILIBRIO/EQUILIBRIO se desarrolla por medio del motivema de la astucia, motivema que permite que la acción llegue a un resultado satisfactorio para el antagonista astuto.

Por ejemplo, en el cuento «El ladrón del boniatal», el protagonista se encuentra en un estado de Carencia: el dueño del boniatal pierde sus boniatos, y no sabe quien es el ladrón. El antagonista, Jicotea, se encuentra en un estado de Plenitud: Jicotea es el ladrón de los boniatos. A través del cuento se trata de descubrir al ladrón, lo cual no se lleva a cabo ya que Jicotea, con su astucia, impide que esto ocurra; en este caso específico, Jicotea le juega una treta a un venado inocente, el cual termina pagando por las malas acciones de Jicotea. Así, gracias a su astucia, Jicotea termina en un estado satisfactorio, porque nunca es descubierto como ladrón.

En «Vida o Muerte» el protagonista, el perro, se encuentra en un estado de Carencia: todos los habitantes del mundo deben morir, y el perro no lo quiere aceptar. El antagonista, Jicotea, se encuentra en un estado de Plenitud, Jicotea tiene la ciencia, o intuición, de que todo cuanto empieza acaba. Lo primordial en el cuento es ver quien llega primero ante Sambia, para pedirle Vida (el perro) o Muerte (Jicotea). Es Jicotea con su astucia, la que sale vencedora, ya que a lo largo del camino ha colocado a sus innumerables hermanas jicoteas, en posición de relevo. Y así, gracias a su astucia, Jicotea logra llegar ante Sambia antes que el perro.

Los esquemas de cada análisis tienen como matriz la que presentamos a continuación, aunque en algunos cuentos, como veremos posteriormente, la matriz presenta varios procesos anteriores o intercalados. Cada boceto morfológico es precedido de la síntesis de cada cuento, con la que entramos en materia.

Nos gustaría agregar que para Claude Bremond, en todo relato, el paciente es el personaje afectado de una forma u otra por los acontecimientos del mismo; es un agente virtual, en la medida en que pueda reaccionar ante una situación planteada. De la misma manera, Bremond considera al agente como un paciente virtual, ya que el proceso que su acción engendra tiene por resultado una modificación de la situación en cuestión, y por lo tanto modifica el nuevo estado en que el mismo se encuentra.

Teniendo esto en mente, diremos que la matriz de la astucia da cuenta, por un lado, de la perspectiva del protagonista: en las tres primeras funciones el protagonista es agente y el antagonista paciente; en las funciones cuarta y quinta el protagonista es paciente y el antagonista agente. Esto sucede a través de un proceso de encadenamiento que Bremond ha llamado «bout à bout», en el que, por ejemplo, una acción termina un proceso en donde el protagonista ha sido agente abriendo paso a otro proceso en el que actuará como paciente, o viceversa. De esta forma el final del primer proceso coincide con el comienzo del segundo.

A. Protagonista		B. Antagonista	
Agente	1, 2, 3	1, 2, 3	Paciente
Paciente	3, 4, 5	3, 4, 5	Agente

Por fin, para determinar quien es el protagonista y el antagonista hemos tenido en cuenta que el que propulsa la acción, desde un estado de Carencia, es el protagonista, y el que responde a la acción del protagonista es el antagonista. Así, en la matriz, el protagonista pasa de agente a paciente cuando a la inversa, el antagonista es primero paciente y luego agente.

Modelo nuclear del Tema de la Astucia:

A. *Perspectiva del Protagonista*		B. *Perspectiva del Antagonista*
1. Carencia	vs.	1. Plenitud
↓		↓
2. Maniobra de Fechoría	vs.	2. Víctima de Fechoría
↓		↓
3. Plenitud Parcial	vs.	3. Carencia
↓		↓
4. Víctima de la Astucia	vs.	4. Maniobra de Astucia
↓		↓
5. Carencia no suprimida	vs.	5. Supresión final de la Carencia

Es evidente que, aunque la mayoría de los cuentos analizados se adaptan al modelo nuclear, hay algunos que presentan procesos anteriores, o intercalados; dichos procesos dan vida al cuento, enriqueciéndolo al presentar otras opciones que las que se amoldan al patrón preconcebido.

Por ejemplo, refiriéndose a los casos en que hay una inserción de un proceso en forma de «enclave», Bremond comenta [1] que se puede considerar que la frustración de un proceso en marcha resulta de la inserción de un proceso inverso que le impide llegar a su término normal. En el caso de nuestros cuentos, la Maniobra de Fechoría no puede llegar a un resultado satisfactorio por la inserción de una Maniobra de Astucia, la que convertirá al protagonista en Víctima de la Maniobra de Astucia que se ha efectuado, impidiendo que la fechoría ocurra y llegue al resultado esperado, el de la plenitud parcial.

Por ejemplo, en «Taita Jicotea y Taita Tigre», la matriz es enriquecida por la inserción de un proceso, que aparece entre la función 2 (Maniobra de Fechoría) y la función 3 (Plenitud Parcial). Este proceso intercalado no altera la matriz, como veremos en detalle en el boceto morfológico que acompaña el cuento.

En el cuento «Jicotea era un buen hijo», se nos presenta un proceso similar al anterior, el cual se inserta —por la técnica del «enclave»— entre la función 2 (Maniobra de Fechoría) y la función 3 (Plenitud parcial). Por consiguiente, nos encontramos ante un proceso frustrado versus un proceso frustrador. El proceso frustrador —la Maniobra de Astucia— impide que la Maniobra de Fechoría llegue a su resultado satisfactorio, la plenitud parcial. En el boceto morfológico que acompaña este cuento explicamos este proceso, en detalle.

Por otra parte, en algunos cuentos, a la función llamada Maniobra de Astucia se le llama de otra forma, porque el proceso en sí está relacionado con una venganza, con un acto mágico, o con un mejoramiento. El resto de la matriz permanece invariable. Un ejemplo de ello es «Jicotea y el árbol de Güira que nadie sembró»: La Maniobra de Astucia es una Maniobra de Venganza por que la Güira, que por años ha soportado los improperios y vejaciones de Jicotea, en esta función, le hace pagar su maldad.

En «Irú Ayé» y en «La rama en el muro», la Maniobra de Astucia es una Maniobra «mágica» de Astucia, gracias al acto mágico que corresponde a dicha función, en ambos cuentos.

1. Claude Bremond, «La logique des possibles narratifs», *Communications*, 8, pág. 63.

En «La venganza de Jicotea», la Maniobra de Astucia es una Maniobra de Mejoramiento, por la intervención de un servicial gusano que con su abnegación permite que el Elefante recobre la vista.

Por último, en «El juicio de Jicotea», y en «La herencia de Jicotea» existe un proceso anterior al esquema nuclear. Este proceso da más consistencia y profundidad al relato sin que la matriz varíe o pierda su validez. Sin embargo, éstos, son los únicos cuentos en este capítulo en que el protagonista sale vencedor al final. El proceso preliminar en «El juicio de Jicotea» emana de una Carencia por parte del protagonista: Jicotea tiene hambre y con su astucia logra saciarla, a expensas del antagonista, el Elefante. De esta forma, el proceso siguiente, o sea el esquema nuclear, comienza con un estado de Plenitud por parte del protagonista, sin que la posición de las funciones de la matriz incurran en cambios. De la misma manera, en «La herencia de Jicotea» el proceso preliminar comienza con un estado de Carencia por parte del protagonista: A Jicotea se le ha muerto el marido y no le ha dejado un céntimo. Con su astucia la viuda Mamá-Ayé llega a obtener lo que desea, a expensas del antagonista, el bodeguero Gómez. Por consiguiente, el esquema nuclear, que va tras de él, comienza con un estado de Plenitud por parte del protagonista, sin que la posición de las funciones de la matriz incurran en cambios.

Los dos análisis aquí presentados aparecen en detalle en el boceto morfológico de cada uno de estos cuentos.

SÍNTESIS

del segundo cuento en «Taita Jicotea y Taita Tigre»
(págs. 54-56), en *Cuentos negros*

Jicotea ha dado muerte a su amigo el venado, y con sus huesos ha hecho un instrumento musical que nunca presta, el que produce una música de rara belleza.

Todos codician el instrumento de Jicotea. El buey lo quiere para sí; también el caballo, la urraca y la lechona desean robar el instrumento. Finalmente, al Tigre se le antoja apoderarse del instrumento.

El Tigre invita a Jicotea a la fiesta de su santo, y le pide prestado el instrumento. Jicotea toca para el Tigre, éste pierde el control oyendo la música, bailando, hasta olvidarse de quien es, cayendo en el ridículo. Jicotea aprovecha esta ocasión para derramarle el chapapote hirviente y enviarlo a su casa maltrecho y dolorido.

Durante cinco años el Tigre prepara en secreto su venganza.

Un día su amigo el Conejo regresa de un largo viaje; el Tigre lo recibe con alborozo, le cuenta lo sucedido, y lo envía a sitar a una asamblea en nombre del Rey, a todos los terratenientes. Lo importante es hacer que Jicotea venga.

Jicotea va a la asamblea sólo porque cree que el Tigre ha muerto.

Jicotea cae en la trampa del Tigre. Este lo encierra en un baúl, para que se seque y muera, o para hacer sopa de su carne deliciosa. Sin embargo, Jicotea logra salirse del baúl, engatuzando a los curiosos hijos del Tigre que abren el baúl mientras el padre está ausente. Ellos lo reviven, a instancias de Jicotea, en una palangana con agua, y luego lo llevan al río, donde él se recupera completamente de su larga y árida prisión.

Una vez en el río, Jicotea se aleja más y más de la orilla y desde lejos lanza a los tigrecitos una piedra que tiene su forma. Ellos creyendo que es Jicotea endurecido, lo vuelven a meter en el baúl. Jicotea mientras tanto ha recuperado su antigua libertad.

El Tigre decide hacer sopa de Jicotea, pero no puede conseguirlo, pues éste —el del baúl— se ha puesto duro como una piedra.

LA ASTUCIA

BOCETO MORFOLÓGICO

1. Segundo cuento en «Taita Jicotea y Taita Tigre», (páginas 54-66), en *Cuentos negros*.

En este cuento el protagonista es el Rey Tigre y otros animales, y el antagonista es Jicotea.

1.A. Todos desean el instrumento de Jicotea, el Buey, el Caballo, la Urraca, la Lechona y el Rey Tigre principalmente, lo que tiene como función motivémica un estado de CARENCIA.

B. Jicotea tiene un instrumento musical que no presta a nadie, lo que tiene una función motivémica de PLENITUD.

Entre la función 2 (Maniobra de Fechoría) y la función 3 (Plenitud parcial) aparece un proceso intercalado el cual descalifica la primera Maniobra de Fechoría, impidiendo que la misma llegue a un resultado satisfactorio: 2.A. (M. F.) El

Tigre y otros animales, tratan de robar el instrumento musical de Jicotea.

2.B. (V. E. F.) Jicotea quizá pierda su instrumento. He aquí el proceso:

En la perspectiva del antagonista aparece una Maniobra de Astucia con la cual Jicotea evitará el perder su instrumento. El derrama chapapote caliente sobre todos, para hacerles escarmentar, excepto sobre la Lechona que recibe un violento puñetazo en el trasero por ser hembra. De esta forma todos los enemigos caen Víctimas de la Maniobra de Astucia de Jicotea sufriendo su escarmiento. Lo que nos lleva a un estado de Plenitud parcial en la perspectiva del antagonista, ya que gracias a su astucia, Jicotea conserva su instrumento.

Los animales quedan ahora doblemente frustrados (Maniobra frustrada: Carencia doble).

2.A. El Tigre logra que Jicotea asista a la asamblea que él convoca, valiéndose de un Conejo astuto, y lo encierra en un baúl para que muera, o quede para hacer sopa, lo que tiene una función de MANIOBRA DE FECHORIA.

B. Jicotea es VICTIMA de la FECHORIA del Tigre.

3.A. El Tigre cree haber triunfado en su plan de deshacerse de Jicotea, lo cual tiene una función motivémica de PLENITUD PARCIAL.

B. Jicotea se encuentra encerrado en un baúl, sin libertad, lo que parece ser su fin, lo cual tiene como función motivémica un estado de CARENCIA.

4.B. Jicotea hace que los tigrecitos lo saquen del baúl, y lo lleven a un río para reanimarse, corresponde a la función de MANIOBRA DE ASTUCIA.

A. Los tigrecitos creen recuperar del agua a Jicotea, y lo llevan al Tigre para hacer sopa de éste, pero, lo que traen en realidad es una piedra. El Tigre, así, es VICTIMA DE LA ASTUCIA de Jicotea.

5.B. Jicotea vuelve a su vida serena en el río, lo que tiene como función la SUPRESION FINAL DE LA CARENCIA.

A. El Tigre nunca llega a comerse a Jicotea, y así no puede vengar su honor, lo cual tiene como función motivémica un estado de CARENCIA NO SUPRIMIDA.

En este cuento el esquema aparece de la forma siguiente:

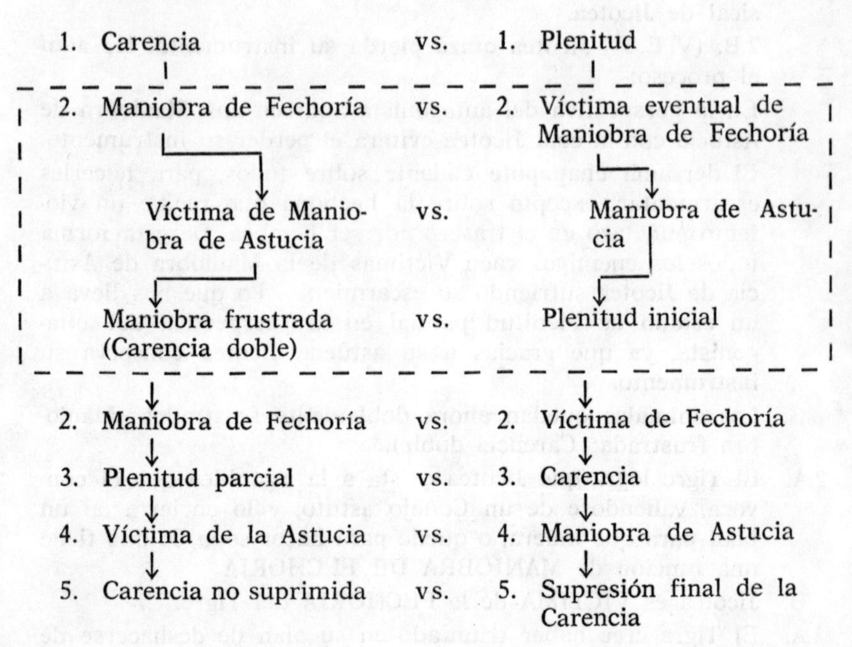

SÍNTESIS

del cuento «Arere Marekén» (págs. 124-126) en *Cuentos negros*

Arere Marekén es la esposa de un rey que es viejo y celoso. Arere es también hermosa y joven. El rey la cuida como a la más hermosa de las piedras preciosas, y no permite que esté lejos de él. Arere Marekén solamente va al mercado todas las mañanas. Jicotea que la ve pasar, se enamora de ella.

El rey tiene una piedra mágica que le permite oír cantar a su

se encuentra con Jicotea, deja de cantar. Al no escuchar el canto de Arere el rey se preocupa, y ella le miente cuando el rey le indaga sobre sus pausas.

El rey se entera finalmente de la verdad y prepara una emboscada. Los guardias del rey atrapan a Jicotea, quien es condenado a muerte. Jicotea muere a golpes por el amor de Arere.

Jicotea es un animal mágico, por lo que resucita, y cada pedazo de su cuerpo vuelve a su lugar. Jicotea vuelve a la vida cubierto de cicatrices por el amor de Arere Marekén.

BOCETO MORFOLÓGICO

2. «Arere Marekén», (págs. 124-126) en *Cuentos negros.*

En este cuento el protagonista es el rey y Jicotea el antagonista.

1.A. El rey sufre las mentiras de su mujer después de haberle prohibido que deje de cantar camino del mercado; cada vez, ella deja de cantar para hablar con Jicotea, transgrediendo la interdicción, lo que tiene como función motivémica un estado de CARENCIA.

B. Jicotea logra captar el interés de Arere Marekén, la bella esposa de un rey viejo y celoso, lo que tiene una función motivémica de PLENITUD.

2.A. El rey prepara una emboscada, sus soldados se apoderan de Jicotea y el rey lo condena a muerte, lo cual tiene una función de MANIOBRA DE FECHORIA.

B. Jicotea cae en la emboscada preparada por el rey, siendo así VICTIMA DE FECHORIA.

3.A. El rey cree haber recobrado su tranquilidad, lo cual tiene una función motivémica de PLENITUD PARCIAL.

B. Jicotea muere de tantos golpes recibidos, lo que tiene como función motivémica un estado de CARENCIA.

4.B. Jicotea (que es un animal mágico) resucita, uniéndose todos sus pedazos que han sido dispersos a golpes, corresponde a la función de MANIOBRA DE ASTUCIA.

A. Las acciones del rey han sido en vano, cayendo así VICTIMA DE LA ASTUCIA de Jicotea.

5.B. Jicotea resucita por el amor de Arere Marekén, lo que tiene una función de SUPRESION FINAL DE LA CARENCIA.

A. El rey no logra eliminar a Jicotea, lo cual tiene como función motivémica un estado de CARENCIA NO SUPRIMIDA.

SÍNTESIS

del cuento «Osaín de Un Pie» (págs. 150-155) en *Cuentos negros*

Una negra recién casada tiene el antojo de comerse un ñame de su jardín, y le dice a su marido que le traiga uno.

Jicotea que ha tomado residencia en el boniatal, hace creer a todos que los ñames hablan, así su refugio no será destruído. Los esposos, el rey, y todo el mundo creen que los ñames hablan.

El rey, y todos los demás, deciden prohibir a los ñames el uso de la palabra. La ardua labor de hacer callar a los ñames es dada a los brujos. Osaín de Tres Pies no puede; Osaín de Dos Pies no puede; Osaín de Un Pie puede hacerlo.

Osaín de Un Pie grita: «¡Coge ñame!», un soldado se apodera de Jicotea; y una vez en poder del brujo, Jicotea es triturada con un pincho hasta la muerte.

Cuando todos duermen Jicotea va reconstituyéndose, y poco a poco vuelve a la vida. Jicotea no muere, es un ser sobrenatural, y al resucitar, se ríe de los hombres que la han maltratado.

Al final se ve que en realidad Osaín de Un Pie es amigo de Jicotea. Osaín de Un Pie sabe de siempre que ella es capaz de resucitar. Jicotea pone su corazón al fuego sin peligro, y ambos ríen triunfantes, viéndolo saltar entre las llamas, y bailan en el Monte, leyéndose «en los ojos el secreto de los cuatro elementos», mientras los hombres siguen creyendo que Jicotea ha muerto.

LA ASTUCIA

BOCETO MORFOLOGICO

3. «Osaín de Un Pie» (págs. 150-155), en *Cuentos negros.*

En este cuento los protagonistas son los esposos, el rey con su ejército, Osaín de Tres Pies, Osaín de Dos Pies, y Osaín de Un Pie; el antagonista es Jicotea.

1.A. Los esposos, el rey, todo el ejército, Osaín de Tres Pies, y Osaín de Dos Pies, no pueden recoger los ñames que hablan, lo cual tiene como función motivémica un estado de CARENCIA.

B. Jicotea toma residencia en el boniatal de una pareja de recién casados, y hace creer a todos que los ñames hablan para proteger así su refugio, lo que tiene una función motivémica de PLENITUD.

2.A. Osaín de Un Pie descubre quien hace hablar los ñames, y la hace su prisionera, es una función de MANIOBRA DE FECHORIA.

B. Jicotea es puesta al descubierto, gracias al brujo Osaín de Un Pie, y así cae VICTIMA DE LA FECHORIA de Osaín.

3.A. Osaín de Un Pie se retira del lugar victorioso, seguido del rey y de su ejército, lo cual tiene una función motivémica de PLENITUD PARCIAL.

B. Jicotea muere triturada bajo el pincho de Osaín, lo que tiene como función motivémica un estado de CARENCIA.

4.B. Mientras todos creen que Jicotea ha muerto, y duermen a pierna suelta, Jicotea, que es un animal mágico, va reconstituyéndose afanosamente sin que nadie lo sepa, en la oscuridad de la noche, hasta volver a la vida, corresponde a la función de MANIOBRA DE ASTUCIA.

A. Todos, los esposos, el rey, el ejército, dan a Jicotea por muerta, y no saben de la antigua amistad entre Jicotea y Osaín de Un Pie. Así, todos son VICTIMAS DE LA ASTUCIA de Jicotea.

5.B. Jicotea resucita y festeja con Osaín, lo que tiene como función la SUPRESION FINAL DE LA CARENCIA.

A. Los esposos y los demás no logran deshacerse de Jicotea, lo cual tiene como función motivémica un estado de CARENCIA NO SUPRIMIDA.

SÍNTESIS

del cuento «Vida o Muerte» (págs. 21-23), en *Ayapá*

En el principio no se sabe de la muerte. Todo es nuevo, todo comienza. Jicotea es la primera en hablar de ella al Perro. El Perro no quiere morir.

Jicotea le propone al perro ir a ver a Dios. El le pedirá la vida para todos. Ella le pedirá la muerte.

El Perro cree que va a ver a Dios antes que Jicotea, pues él es más veloz y menos pesado que ella. El confía en su ligereza. Jicotea, aunque lenta y pesada, es astuta. Ella coloca a sus hermanas Jicoteas en posiciones de relevo a lo largo del camino. Cada vez que el Perro llega a un punto de descanso, Jicotea ya se encuentra allí. De esta forma tan efectiva, Jicotea logra llegar primero ante la presencia de Dios, y le pide la Muerte. El Perro llega el segundo, y cae muerto a los pies de Dios, perdiendo así la apuesta.

Jicotea triunfa porque ve a Dios, y porque aprende lo que es la Vida y la Muerte, al presenciar la muerte del Perro. Dios le enseña lo que es la humildad, poniéndola bajo una piedra por mucho tiempo, por ser jactanciosa.

LA ASTUCIA

BOCETO MORFOLOGICO

4. «Vida o Muerte» (págs. 21-23), en *Ayapá.*

En este cuento el protagonista es el perro, y el antagonista Jicotea.

1.A. Todos los habitantes del mundo deben morir, y el perro no lo quiere aceptar, lo cual tiene como función motivémica un estado de CARENCIA.

B. Jicotea tiene la ciencia, o intuición, de que todo cuanto empieza acaba, lo que tiene una función motivémica de PLENITUD.

2.A. El perro sabiendo plenamente que puede derrotar a Jicotea gracias a su ligereza y velocidad, acepta la apuesta y se jacta de su anticipada victoria, corresponde a una función de MANIOBRA DE FECHORIA.

B. Jicotea es lenta y pesada, por lo que en principio deberá perder su apuesta con el perro, haciéndola así VICTIMA VIRTUAL DE LA FECHORIA del perro.

3.A. El perro ya se siente vencedor, lo que tiene una función motivémica de PLENITUD PARCIAL.

B. Jicotea, físicamente, tiene las de perder en su carrera hasta Sambia, lo cual tiene como función motivémica un estado de CARENCIA VIRTUAL.

4.B. Jicotea reúne y coloca a sus innumerables hermanas Jicoteas a lo largo del camino, en posiciones de relevo, corresponde a la función de MANIOBRA DE ASTUCIA.

A. El perro cada vez que llega a un punto de descanso se encuentra con que Jicotea ha logrado llegar primero, siendo así VICTIMA DE LA ASTUCIA de Jicotea.

5.B. Jicotea llega antes que el perro ante Sambia, lo que tiene como función la SUPRESION FINAL DE LA CARENCIA, aunque Sambia la tiene prisionera bajo una piedra por mucho tiempo por mostrarse tan inteligente y jactansiosa.

A. El perro llega segundo, y cae muerto, lo que tiene como función motivémica un estado de CARENCIA NO SUPRIMIDA.

SINTESIS

del cuento «La venganza de Jicotea» (págs. 33-36) en *Ayapá*

Jicotea envidia al Elefante porque él odia a todos los seres dotados de gran estatura.

Jicotea decide jugarle una treta al Elefante. Le hace creer al pobre paquidermo que se está comiendo uno de sus propios ojos, cuando en realidad no es más que una bola de coco y miel.

El crédulo Elefante quiere probar también este manjar, y le pide a Jicotea que le arranque un ojo para comérselo. Jicotea le arranca un ojo al Elefante y le pone en la boca una bola de coco y miel. Aunque le duele, el Elefante apetece su otro ojo, y Jicotea ejecuta la misma operación. Cuando el Elefante comprende que se ha quedado ciego, Jicotea no se encuentra más a su lado.

Sin embargo, un servicial gusano le presta al Elefante sus pequeños ojos, y se los coloca en las cuencas vacías con la ayuda de un pájaro carpintero, para que éste pueda llegar a su casa para poder empezar a ejercitar a su hijo en las artes de lazarillo.

Los nuevos ojos del Elefante quedan tan sólidamente fijados que al día siguiente no puede devolvérselos al gusano; aún forcejeando, el gusano y el pájaro carpintero no pueden sacarlos de su lugar.

Al Gusano, aunque ciego, le queda el consuelo de haber dado luz a los ojos de un ser grande, admirado de todos. Jicotea, con su fechoría, demuestra la impotencia de su envidia ante la grandeza del Elefante.

EL MEJORAMIENTO

BOCETO MORFOLÓGICO

5. «La venganza de Jicotea» (págs. 33-36), en *Ayapá.*

En este cuento el protagonista es Jicotea, y el Elefante el antagonista.

1.A. El pequeño y aplastado Jicotea odia al Elefante dotado de gran estatura, lo cual tiene como función motivémica un estado de CARENCIA.

B. El Elefante, imponente como una montaña, es inaccesible a la pequeñez de Jicotea, lo que tiene una función motivémica de PLENITUD.

2.A. Jicotea le hace creer al paquidermo que está comiéndose uno de sus ojos, cuando en realidad está comiendo una bola de coco y miel, es una función de MANIOBRA DE FECHORIA y ASTUCIA.

B. El Elefante cree que Jicotea está comiéndose sus propios ojos, y como quiere probar ese manjar se deja sacar los suyos, los que Jicotea remplaza por bolas de coco y miel antes de ponérselos en la boca, siendo así VICTIMA DE LA FECHORIA y ASTUCIA de Jicotea.

3.A. Jicotea en principio queda vengado, lo cual tiene una función motivémica de PLENITUD PARCIAL.

B. El Elefante se queda ciego, lo que tiene como función motivémica un estado de CARENCIA.

4.B. El Elefante encuentra un servicial gusano (auxiliar) que le ofrece sus ojos débiles y pequeños para que pueda llegar hasta su casa. La acción del gusano es una MANIOBRA DE MEJORAMIENTO, ya que este auxiliar interviene voluntariamente para mejorar el estado de ceguera del Elefante, el que es beneficiario del proceso de Mejoramiento.
En este cuento la intervención del auxiliar puede interpretarse desde dos puntos de vista, según el sentimiento del lector ante la acción del auxiliar. En este caso hemos interpretado la acción del gusano como una maniobra de mejoramiento vis-à-vis el Elefante; pero, por supuesto, es una maniobra de fechoria vis-à-vis Jicotea, el protagonista, ya que le impide llevar a cabo su venganza.

A. Jicotea aunque ha burlado al Elefante, no logra desprestigiarlo, ya que no sólo el Elefante vuelve a ver con sus nuevos ojos pequeños que de tan bien implantados parecen siempre haber sido suyos, sino porque la bajeza de su acción no deja de rendir el amargo tributo de su envidia, impotente ante el monumental tamaño del paquidermo, siendo así VICTIMA DE LA MANIOBRA DE MEJORAMIENTO.

5.B. El Elefante ha triunfado moralmente, viendo con sus nuevos ojos débiles, don de un abnegado gusano, lo cual tiene como función la SUPRESION FINAL DE LA CARENCIA. Sin embargo, en ningún momento el antagonista —el elefante— ha sido agente, ya que al principio es paciente de un proceso «degradador» de su estado, y luego es beneficiario, y por lo tanto paciente otra vez, de un proceso de mejoramiento del cual es el gusano el agente.

A. Jicotea es vencido, pues el Elefante sigue siendo inmenso, y aunque débilmente, aún ve, lo que tiene como función motivémica un estado de CARENCIA NO SUPRIMIDA.

SÍNTESIS

Son los comienzos del mundo y la Tierra padece de un hambre atroz. Las criaturas todas tienen que llegar a acciones drásticas para subsistir. La tierra adolorida e impotente se desangra. Los hombres carecen de recursos para seguir viviendo. Dios no les escucha. El estómago llega a tomar el lugar del corazón.

Se forma un consejo, y en él los hombres y los animales deciden comer a las madres para que los hijos tengan una mejor oportunidad de sobrevivir por más tiempo, y encontrar una solución al problema de la Tierra. Las madres acatan con placer tal decisión, y así, cada día, una madre es sorteada.

Jicotea posee el don de poder vivir sin alimento por mucho tiempo. El se sostiene de «su inexplicable reserva de inmortalidad». Su madre, sin embargo, está ya vieja. Jicotea que ama a su madre, no quiere que muera y sirva de alimento a otros. La disfraza y la esconde en un rincón del cielo, alimentándola con las madres de los otros. Con el tiempo, todas las madres han sido comidas, pero la de Jicotea no aparece por ningún lado. El Diablo, pájaro de la miseria, descubre el escondite de la vieja Jicotea y lo revela a los demás, a cambio de un poco de sangre fresca.

En el primer intento, los hombres y los animales no logran apoderarse de la madre de Jicotea. Porque, aunque tienen la canción que abre la puerta del escondite, no pueden imitar con éxito la voz del hijo Jicotea.

Es en otro intento, que el Diablo, sobornado por otro poco de sangre fresca, roba al fin la voz de Jicotea.

La voz verdadera de Jicotea, en boca de otro, llama a su madre. Esta baja la escala. Un hombre, ya escogido entre los victimarios, sube y la despedaza; sin embargo, sus pedazos esparcidos siguen vivos, latentes.

Los hombres, entonces, acechan a Jicotea, para ver su dolor y matarlo después. Jicotea ve que su trampa ha sido descubierta. Sube al cielo e implora al Dios del Trueno, Changó, su ayuda. Changó oye a su protegido, y un diluvio con rayos y centellas cae sobre la Tierra, castigando así a los hombres y animales que han atentado contra Jicotea y su madre. Después de muchos días, aparece el arco iris, viene la calma y todo en la tierra renace. Jicotea regresa a la Tierra, tornando a vivir en el río.

LA ASTUCIA

BOCETO MORFOLÓGICO

6. «Jicotea era un buen hijo» (págs. 37-48), en *Ayapá*.

En este cuento los protagonistas son todas las criaturas de la tierra, y el antagonista es Jicotea.

1.A. Todas las criaturas hambrientas, comen a sus propias madres, para que los más jóvenes sobrevivan por más tiempo, lo que tiene como función motivémica un estado de CARENCIA.

B. En el principio del mundo Jicotea se alimenta de su «inexplicable reserva de inmortalidad», y a su madre la alimenta con la carne de otras madres, lo que tiene una función motivémica de PLENITUD.

Entre la función 2 (Maniobra de Fechoría) y la función 3 (Plenitud parcial) aparece un proceso intercalado el cual descalifica la primera Maniobra de Fechoría, impidiendo que la misma llegue a un resultado satisfactorio: 2.A (M.F.) Los hombres van a comerse la madre de Jicotea. 2.B. (V.E.F.) Jicotea eventualmente tendrá que entregar a su madre a los hombres y animales, para que sirva de alimento, como ya han servido las otras madres, a fin de que los jóvenes sobrevivan.

He aquí el proceso:

En la perspectiva del antagonista hay una Maniobra de Astucia, con la cual Jicotea impedirá que su madre sirva de alimento a los otros. Jicotea esconde a su madre en un lugar donde los demás no podrán encontrarla para comérsela.

Así, los hombres y los animales son Víctimas de la Maniobra de Astucia de Jicotea, al no encontrar el escondite de la madre jicotea.

Jicotea se encuentra ahora en un estado de Plenitud parcial, ya que ha logrado conservar la vida de su madre. Los hombres y los animales quedan doblemente frustrados (Carencia doble) al no lograr comerse la madre de Jicotea.

2.A. Los hombres descubren el escondite de la madre de Jicotea gracias a un auxiliar, el Diablo, quien le proporciona el paradero de la misma, y la voz de su hijo, para que ella les dé entrada en su escondite, allí la matan y luego se la comen, lo que tiene una función de MANIOBRA DE FECHORIA.

B. Jicotea, al desaparecer su madre, es VICTIMA DE LA FECHORIA de los hombres.

3.A. Los hombres están satisfechos de haber encontrado el escondite de la madre de Jicotea, de haberla matado y comido, lo cual tiene una función motivémica de PLENITUD PARCIAL.

B. Jicotea ve que su trampa ha sido descubierta, lo que tiene como función motivémica un estado de CARENCIA.

4.B. Jicotea sube al cielo para implorar venganza a su protector el Dios del Trueno, Changó, y la obtiene, corresponde a la función de MANIOBRA DE ASTUCIA.

A. Un diluvio cae sobre los hombres, corresponde a la función VICTIMA DE ASTUCIA.

5.B. Jicotea, contenta de vengar a su madre, regresa a la tierra, lo cual tiene como función la SUPRESION FINAL DE LA CARENCIA.

A. Los hombres son castigados por el atentado contra Jicotea y su madre, lo que tiene como función motivémica un estado de CARENCIA NO SUPRIMIDA.

Así que, en este cuento el esquema nuclear aparecerá modificado de la forma siguiente:

A		*B*
1. Carencia	vs.	1. Plenitud
2. Maniobra de Fechoría	vs.	2. Víctima eventual de Maniobra de Fechoría
↓ Víctima de Maniobra de Astucia	vs.	↓ Maniobra de Astucia
↓ Maniobra frustrada (Carencia doble)	vs.	↓ Plenitud inicial
↓ 2. Maniobra de Fechoría	vs.	↓ 2. Víctima de Fechoría
↓ 3. Plenitud parcial	vs.	↓ 3. Carencia
↓ 4. Víctima de la Astucia	vs.	↓ 4. Maniobra de Astucia
↓ 5. Carencia no suprimida	vs.	↓ 5. Supresión final de la Carencia

SÍNTESIS

del cuento «Ncharriri» (págs. 49-53), en *Ayapá*

Ncharriri roba doncellas, una cada siete años. Cada siete años viene al pueblo y se roba a la más bella doncella del lugar.

Jicotea, quien con el poder de la palabra puede encantar los ojos, hace que Ncharriri lo vea como una bellísima doncella. Al ver una doncella tan hermosa Ncharriri quiere apoderarse de ella. Pero, un hilo de agua corre entre los dos; Jicotea lo convierte en un cerco de llamas impidiéndole acercarse.

Jicotea, como bellísima doncella, le pide a su pretendiente que le entregue sus uñas de Tigre, sus cuernos, sus dientes, su nariz, y sus orejas, y sólo así ella le seguirá.

También le pide que le entregue sus pies. Por fin le pide que le entregue su corazón y sus manos. Ncharriri accede a todo esto, con tal de poseer a tan hermosa doncella. Pero muere al entregar su corazón.

Esta vez, ninguna doncella desaparece antes de la llegada del amanecer.

LA ASTUCIA

BOCETO MORFOLÓGICO

7. «Ncharriri» (págs. 49-53) en *Ayapá*.

En este cuento el protagonista es Ncharriri, y el antagonista es Jicotea.

1.A. Ncharriri, el monstruo, al ver a Jicotea-doncella, desea poseerla, lo cual tiene como función motivémica un estado de CARENCIA.

B. Jicotea se convierte en una bellísima doncella, lo que tiene una función motivémica de PLENITUD.
En esta historia las funciones 2A vs. 2B, y 3A vs. 3B se producen en un nivel psíquico, por lo que se encuentran en estado virtual, el cual, si es llevado a la acción cambiaría el desenlace de la historia, por completo.

2.A. Ncharriri va a apoderarse de ella y robarla, lo cual tiene una función de AMENAZA o MANIOBRA VIRTUAL DE FECHORIA, ya que ambos personajes tienen poderes mágicos.

B. Jicotea se encuentra frente a frente ante el enamorado monstruo, lo que la predispone virtualmente a caer en poder del supuesto agresor, pertenece a la función VICTIMA VIRTUAL DE FECHORIA.

3.A. Ncharriri cree que una vez más, como cada siete años, podrá robar una hermosa doncella, lo que tiene una función motivémica de PLENITUD PARCIAL.

B. Jicotea, si es raptada, no volverá jamás al pueblo, lo que tiene como función motivémica un estado de CARENCIA VIRTUAL.

4.B. Jicotea, con sus poderes, crea un cerco de llamas entre ellos, y le pide al monstruo que le dé cada parte de su horrible cuerpo; sólo así, ella le permitirá acercarse, corresponde a la función de MANIOBRA DE ASTUCIA.

A. Ncharriri le entrega a Jicotea sus uñas de tigre, sus cuernos, sus dientes, su nariz, sus orejas, sus pies, y finalmente el corazón, cayendo así VICTIMA DE LA ASTUCIA de Jicotea.

5.B. Jicotea logra liberar al pueblo y a sus doncellas del peligro de Ncharriri, lo que tiene como función la SUPRESION FINAL DE LA CARENCIA.

A. Ncharriri muere al entregar su corazón, con tal de poseer a tan hermosa doncella, lo cual tiene como función motivémica un estado de CARENCIA NO SUPRIMIDA.

SINTESIS

del cuento «Irú Ayé» (págs. 55-63) en *Ayapá*

Ayá, el brujo jicotea compra tres esclavas bellísimas, pero tiene miedo de perderlas, así que las convierte en tres semillas blancas, que parecen perlas del mar. El brujo nunca se separa de sus semillas. Por temor a que se las roben labra una casa escondida en el bosque.

Un día, el brujo se queda dormido en un claro del bosque, y el nefasto pájaro Burubú le roba las semillas y se las traga. Un día en el bosque un rey cazador acierta el corazón de Burubú, y se lo lleva a su casa. La reina, que es estéril, le devuelve la vida al pájaro, y a su vez le pide a Burubú que le dé tres hijas «lindas e iguales». El pájaro le concede el deseo a la reina. Pero las hijas no son sino las tres semillas, las tres esclavas de Ayá, el brujo jicotea.

La reina siembra las semillas junto a un pozo. De éstas crece un árbol. Del pozo junto al árbol sólo el rey Latikua Achikuá puede beber el agua. Del fruto del árbol nadie puede comer. Centinelas invisibles custodian el pozo.

Mientras tanto el brujo Ayá busca sin descanso sus tres semillas por todas partes sin éxito. Pero al llegar al pozo del rey, Ayá arranca tres hojas del árbol mientras nadie lo ve, y baja con ellas al fondo del pozo. Los guardianes no lo atacan.

La reina Omoloyú tiene un sueño premonitorio en el cual se le anuncia que perderá a sus tres hijas. Ella las esconde bien, en lo más profundo de un subterráneo. Desde entonces, el rey Latikua no puede ver más a sus hijas. De tristeza, el rey enferma, envejece, y se siente morir. Sus tierras también se secan; sólo el limonero florece.

El rey ordena que se le muestre a sus hijas. Ellas aparecen

ante él feas, blancas por la falta de sol y aire, y niegan a su madre.

Al ver esto la reina se vuelve loca.

El rey maldice a su mujer. La manda acuchillar, y las mujeres del reino le escupen la cara. Esa misma noche la queman en una hoguera.

Entre el humo de la hoguera aparece el espectro del pájaro Burubú, y con su cola roza los ojos del rey y éste pierde la vista. El rey vuelve a ver a sus tres hijas al desvanecerse el pájaro de humo y encuentra que han vuelto a ser tres jóvenes bellas. La tierra vuelve a renacer, y el rey ya no se siente viejo, ni moribundo.

A la mañana siguiente las tres hermanas van al pozo a buscar agua, y nunca más vuelven. En el fondo del pozo, Ayá, el brujo jicotea, se reúne con sus tres esclavas, que le pertenecen. El rey se vuelve loco de dolor, y desde entonces no cesa de mirar hacia el fondo del pozo, llamándolas, sin saber como llamarlas, porque lo ha olvidado todo.

LA ASTUCIA

BOCETO MORFOLÓGICO

8. «Irú Ayé», (págs. 55-63), en *Ayapá*.

En este cuento los protagonistas son los reyes y el antagonista es Jicotea.

1.A. La reina, esposa del rey cazador, es estéril y desea ser madre, lo cual tiene como función motivémica un estado de CARENCIA.

B. El brujo Jicotea posee tres hermosísimas esclavas, a quienes ha convertido en semillas blancas, lo que tiene una función motivémica de PLENITUD.

2.A. Burubú (auxiliar mágico-voluntario) se traga las tres semillas (esclavas) del brujo Jicotea, y se las da a la reina estéril por haberle devuelto la vida, concediéndole a ésta su deseo de ser la madre de tres hermosas hijas, las cuales son en realidad las tres esclavas que ha robado al brujo, lo que tiene una función de MANIOBRA DE FECHORIA. En esta función Burubú es el agente, siendo así la reina paciente de la acción de Burubú.

En este cuento la intervención del auxiliar es similar a la del cuento «La venganza de Jicotea», y tal como en éste la dicha intervención puede interpretarse de dos maneras, según el sentimiento del lector ante la acción de Burubú vis-à-vis Jicotea es una maniobra de fechoría, ya que éste se queda sin sus amadas semillas; sin embargo, vis-à-vis la reina estéril, es una maniobra de mejoramiento, ya que le aporta, con estas semillas, la esperanza de ser madre.

B. Jicotea se queda sin sus semillas-esclavas, pertenece a la función VICTIMA DE FECHORIA.

3.A. La reina se siente feliz, creyendo ser la madre de las tres semillas que se han hecho tres hermosas jóvenes, lo cual tiene una función motivémica de PLENITUD PARCIAL.

B. El brujo Jicotea se queda sin sus tres semillas, y las busca sin descanso por todas partes, sin encontrarlas, lo que tiene como función motivémica un estado de CARENCIA.

4.B. El brujo Jicotea, al llegar al pozo del rey, arranca tres hojas del árbol que crece a su lado y baja con ellas al fondo del pozo, corresponde a la función de MANIOBRA «mágica» DE ASTUCIA.

A. La reina, por miedo, esconde a sus hijas, el rey enferma y quiere verlas, éstas se han vuelto feas; al verlas la reina se vuelve loca, el rey recobra la vista y la manda a matar, al ver a sus pobres hijas en este estado. Todos caen así VICTIMAS DE LA ASTUCIA «mágica» de Jicotea.

5.B. El brujo Jicotea se encuentra de nuevo con sus tres esclavas, en el fondo del pozo, lo que tiene como función la SUPRESION FINAL DE LA CARENCIA.

A. La reina muere quemada en la hoguera, y el rey se vuelve loco de dolor para siempre, lo cual tiene como función motivémica un estado de CARENCIA NO SUPRIMIDA.

SINTESIS

del cuento «El vuelo de Jicotea» (con una reducción del asunto central), (págs. 67-75) en *Ayapá*

Mayimbe, el aura tiñosa, complace un día a Jicotea que quiere volar, y lo lleva a dar un paseo por las alturas. Jicotea le hace saber que su cuerpo, y especialmente su boca, huelen mal. Al oír tales insolentes verdades, la enfadada Mayimbe deja a Jicotea caer desde el cielo, quien se descalabra al tocar tierra, y se rompe el carapacho.

Mayimbe no es fea, pero siempre come animales muertos. Siempre empieza por las tripas, luego despedaza a su víctima y deja para el final el delicado manjar de sus ojos.

Jicotea decide jugarle una treta al aura, después del mal rato que ha pasado, ayudado por su compadre el Mulo Masango. Masango se hace pasar por muerto para provocar el hambre de Mayimbe.

Al ver a Masango tan rígido, Mayimbe lo cree muerto, y se va a buscar a sus compañeras de banquetes.

Una vez congregadas todas las auras alrededor del mulo, Mayimbe hunde su cabeza en las entrañas del animal, para sacarle las tripas. El mulo, que está bien vivo, aprieta dentro de sí el cuello de la Mayimbe, mientras ésta se muere de asfixia. En la operación Mayimbe pierde todas las plumas de su cuello y de su cabeza.

Desde ese día, Mayimbe jura que comerá siempre primero los ojos, y que dejará para el final las tripas.

LA ASTUCIA

BOCETO MORFOLÓGICO

9. «El vuelo de Jicotea» (con una reducción del asunto central), (págs. 67-75) en *Ayapá.*

En este cuento el protagonista es el aura Mayimbe, y el antagonista es Jicotea.

1.A. Al aura Mayimbe le huele mal el cuerpo, sobre todo la boca que hiede a cadáver, de los que se alimenta, y es enjuiciada por Jicotea con estas insolentes verdades ahora expuestas a los cuatro vientos, lo que tiene como función motivémica un estado de CARENCIA.

B. Jicotea logra volar por los cielos, gracias a la gentileza de Mayimbe, el aura, que lo transporta, lo que tiene una función motivémica de PLENITUD.

2.A. Mayimbe se deshace de Jicotea en las alturas, enfadada por sus palabras hirientes, lo cual tiene una función de MANIOBRA DE FECHORIA.

B. Jicotea cae maltrecho por tierra, desde las alturas, porque Mayimbe lo suelta, siendo así VICTIMA DE FECHORIA.

3.A. Mayimbe sigue su vida de siempre, creyendo haber escarmentado a Jicotea, lo que tiene una función motivémica de PLENITUD PARCIAL.

B. Jicotea yace descalabrado entre las piedras, con el carapacho hecho pedazos, lo que tiene como función motivémica un estado de CARENCIA.

4.B. Jicotea, para vengarse de Mayimbe, hace que el mulo Masango se haga pasar por muerto, para incitar el hambre del aura, corresponde a la función de MANIOBRA DE ASTUCIA.

A. Mayimbe invita a sus amigas auras a un banquete, creyendo que el mulo está muerto, y efectúa su famosa operación de sacarle las tripas al muerto, hundiendo su cabeza en las entrañas de Masango, cayendo así VICTIMA DE LA ASTUCIA de Jicotea.

5.B. Jicotea se venga de Mayimbe, haciéndole cambiar su sistema de alimentación, lo cual tiene como función motivémica un estado de SUPRESION FINAL DE LA CARENCIA.

A. Mayimbe casi se ahoga en el interior del mulo, y se queda para siempre sin plumas en el cuello y la cabeza, como perenne recordatorio, lo que tiene como función motivémica un estado de CARENCIA NO SUPRIMIDA.

SÍNTESIS

del cuento «El ladrón del Boniatal» (págs. 77-84) en *Ayapá*

Jicotea le dice a su madre que desea hacerse ladrón; su madre lo bendice, y Jicotea sale a robar un boniatal. El dueño del boniatal primero llama a la Guardia Civil, y luego pone un espantapájaros pegajoso en medio del boniatal como último recurso para atrapar al astuto ladrón.

Un día Jicotea ataca al espantajo porque éste no le responde a sus preguntas. Jicotea queda preso contra la pierna pegajosa del espantapájaros.

Un hermoso y caritativo venado lo libera. Jicotea le paga el servicio, pidiéndole que le dé una patada al espantajo; y así queda pegado el venado, sin poderse liberar. El venado ha caído en la trampa de Jicotea. El pobre venado le suplica a Jicotea que lo ayude, pero éste no se digna a escucharle.

Mientras amanece, el estanciero llega al boniatal en su caballo. Jicotea le grita que él ha encontrado al ladrón. El estanciero apunta su rifle y mata al venado, que cae muerto con los ojos llenos de lágrimas.

LA ASTUCIA

BOCETO MORFOLÓGICO

10. «El ladrón del boniatal» (págs. 77-84) en *Ayapá*.

En este cuento el protagonista es el dueño del boniatal, y el antagonista es Jicotea.

1.A. El dueño del boniatal pierde sus boniatos, y no sabe quien es el ladrón, lo que tiene como función motivémica un estado de CARENCIA.

B. Jicotea es el ladrón de los boniatos, lo que tiene una función motivémica de PLENITUD.

2.A. El dueño llama primero a la Guardia Civil, y luego coloca un espantapájaros en el huerto como último recurso para atrapar al ladrón de boniatos, lo cual tiene una función de MANIOBRA DE FECHORIA.

B. Jicotea ataca al espantapájaros del huerto del dueño, porque éste no le contesta a sus preguntas, siendo así VICTIMA DE LA FECHORIA del dueño.

3.A. El dueño ha capturado «supuestamente» al ladrón, lo cual tiene una función motivémica de PLENITUD PARCIAL.

B. Jicotea queda atrapado contra la pierna pegajosa del espantapájaros y no puede moverse, lo que tiene como función motivémica un estado de CARENCIA.

4.B. Jicotea hace que un venado lo libere, y le pide que le dé una patada al espantajo, dejándolo atrapado, sin poderse liberar, corresponde a la función de MANIOBRA DE ASTUCIA.

A. El dueño mata al venado creyendo que es el ladrón, siendo así VICTIMA DE LA ASTUCIA de Jicotea.

5.B. Jicotea vence, pues no se descubre que él es el ladrón, lo que tiene como función la SUPRESION FINAL DE LA CARENCIA.

A. El estanciero mata a un inocente, y sus boniatos seguirán desapareciendo, tiene como función motivémica un estado de CARENCIA NO SUPRIMIDA.

SÍNTESIS

del cuento en «La rama en el muro» (con una reducción del asunto central), (págs. 87-107) en *Ayapá*

Jicotea juega el número 115 en la lotería, junto con su compadre José Asunción. El número gana, pero José Asunción se guarda todo el dinero para sí, dejando a Jicotea sin un centavo.

Con el dinero de la lotería José Asunción compra la casa de huéspedes en donde vive.

Al principio hay envidia entre los inquilinos de la casa, pero luego todo retorna a la normalidad.

Jicotea, dolido, reta a José Asunción a una contienda entre brujos. Los dos son hechiceros.

Jicotea hace que José Asunción se hinche como un sapo. José Asunción hace que Jicotea se vaya paralizando poco a poco. Ninguno se da por vencido.

El astuto de Jicotea le propone un negocio a José Asunción. Jicotea ha pintado una rama seca en el portón de la casa; si ésta reverdece la casa será de Jicotea. José Asunción para no seguir hinchándose acepta, y le quita su embrujo a Jicotea. Jicotea deja de cojear, y José Asunción empieza a desinflarse.

La rama seca reverdece el 8 de mayo, día de la aparición de San Miguel Arcángel. La rama llega a ser una verdadera enredadera que amenaza con derrumbar la propiedad en cuestión.

Jicotea se hace dueño de la propiedad, ganando así la apuesta. Todos se mudan del lugar, y Jicotea se queda solo.

La rama desaparece en la primera noche que Jicotea duerme solo en el solar.

LA ASTUCIA

BOCETO MORFOLÓGICO

11. «La rama en el muro» (con una reducción del asunto central), (págs. 87-107) en *Ayapá*.

En este cuento el protagonista es José Asunción y el antagonista es Jicotea.

1.A. José Asunción tiene un buen número para la lotería, pero no tiene con qué comprar el boleto ganador, lo que tiene una función motivémica de CARENCIA.

B. Jicotea tiene dinero con el que puede comprar un boleto de lotería junto con José Asunción, a quien le da su dinero convencido de que se trata de un número que va a salir, lo que tiene como función motivémica un estado de PLENITUD.

2.A. José Asunción se guarda todo el dinero, cuando el número 115 sale premiado en la lotería, lo cual tiene una función de MANIOBRA DE FECHORIA.

B. Jicotea, que ha jugado el número 115 con José Asunción, no recibe un centavo de ganancia, cayendo así VICTIMA DE LA FECHORIA de José Asunción.

3.A. José Asunción con el dinero ganado se compra la casa de huéspedes en donde vive, lo que tiene una función motivémica de PLENITUD PARCIAL.

B. Jicotea se siente dolido por la acción de su supuesto amigo, lo que tiene como función motivémica un estado de CARENCIA.

4.B. Después de una contienda entre brujos que no llega a nada, Jicotea pinta una rama seca en el muro del portón de la casa, y le propone un trato a su amigo, corresponde a la función de MANIOBRA «mágica» DE ASTUCIA.

A. José Asunción acepta el trato, cayendo así VICTIMA DE LA ASTUCIA «mágica» de Jicotea.

5.B. La rama seca reverdece, y llega a ser una enredadera que amenaza con derrumbar la propiedad en cuestión. Jicotea, así, se hace dueño de la propiedad, lo cual tiene como función la SUPRESION FINAL DE LA CARENCIA.

A. José Asunción pierde su casa, siendo así castigado por su avaricia, lo que tiene como función motivémica un estado de CARENCIA NO SUPRIMIDA.

SÍNTESIS

del cuento «Jicotea y el árbol de Güira que nadie sembró» (págs. 125-129) en *Ayapá*

Jicotea humilla todos los días a una mata de Güira, porque ésta es pequeñita y más débil que Jicotea.

Con el tiempo la Güira crece y comienza a dar flores y frutos. Al ver la hermosura de la Güira, Jicotea se llena de envidia.

La sufrida Güira sigue creciendo, llena de inquebrantable voluntad. De entre sus frutos, un güiro crece más que los otros, obteniendo proporciones asombrosas.

Un día, la Güira se da cuenta de lo fuerte que es. Jicotea también lo ve, y se llena de estupor, ofuscación y miedo, perdiendo su usual sonrisita.

El güiro enorme que cuelga entre las ramas, le cae encima a Jicotea, al ceder al tallo que lo sujeta; y a golpes certeros, la Güira comienza a perseguir a Jicotea hasta el río.

La Güira no sólo ataca a Jicotea, sino que persigue a todas sus compañeras del río, aún hiriendo a la Reina de las Jicoteas. Muchas mueren, otras quedan maltrechas y adoloridas.

La Güira puede así vengar su orgullo herido, y ya serena regresa a su estado estático de árbol de Güira; el güiro con el tiempo llega a ser una hermosa jícara de baño.

BOCETO MORFOLÓGICO

12. «Jicotea y el árbol de Güira que nadie sembró», (págs. 125-129) en *Ayapá*.

En este cuento el protagonista es Jicotea, y el antagonista es la planta de Güira.

1.A. A Jicotea le molesta la existencia de la hermosa Güira, lo que tiene como función motivémica un estado de CARENCIA.

B. Una planta de Güira nace al borde de un camino, crece y da flores, lo cual tiene una función motivémica de PLENITUD.

2.A. Jicotea envidiosa, rasga la piel de la Güira, la zahiere con sorna, riéndose de su tronco delgado y sus frutos pequeños, recordándole de su nacimiento azaroso, lo que tiene una función de MANIOBRA DE FECHORIA.

B. La Güira sufre estóicamente los maltratos y la envidia de Jicotea, corresponde al motivema VICTIMA DE FECHORIA.

3.A. Jicotea disfruta del daño que le hace a la Güira, física y mentalmente, lo cual tiene una función motivémica de PLENITUD PARCIAL.

B. La Güira crece sufriendo, lo que tiene como función motivémica un estado de CARENCIA.

4.B. La Güira llega a ser un árbol alto y fuerte, uno de sus frutos toma proporciones asombrosas, y cae sobre Jicotea al ceder el tallo que lo sujeta; y a golpes certeros, la Güira persigue a Jicotea hasta el río, en donde acomete contra todas las jicoteas, corresponde a la función de MANIOBRA DE VENGANZA.

A. Jicotea y sus compañeras salen heridas y maltratadas, algunas mueren en la embestida, corresponde a la función motivémica de VICTIMA DE LA VENGANZA de la Güira.

5.B. La Güira venga su orgullo herido, lo cual tiene como función la SUPRESION FINAL DE LA CARENCIA.

A. Jicotea es perseguida, su carapacho se rompe, pierde sangre, y tiene que huir y esconderse en el río, lo que tiene como función motivémica un estado de CARENCIA NO SUPRIMIDA.

SÍNTESIS

del cuento «Jicotea, una noche fresca», (págs. 131-138) en *Ayapá*

Insambia (Dios) crea el día para laborar y la noche... para bailar. Por eso Jicotea improvisa una fiesta, pero lo hace sin pedirle permiso al rey.

Todos vienen a bailar.

En el desenfreno del baile los unos y los otros comienzan a atropellarse, haciéndose daño.

El señor Cocodrilo va a ver al Juez. Todos le siguen. Pero el Juez no sabiendo que partido tomar, se lava las manos diciendo que este asunto es muy complicado.

Al oír esto, el chismoso Mosquito Mbi va a decírselo todo al rey.

El rey declara que es una insolencia hacer una fiesta sin su venia, y decide castigar al culpable haciendo un juicio. Presentes en el juicio están: el rey, el juez, todos los implicados, y la reina Maklé, quien es la hermosísima mujer del rey.

El mosquito delator vuelve a contar lo sucedido, de una forma más aclaradora, y así el juez llega a comprender que Jicotea es el culpable.

Durante el juicio, Jicotea no pierde su tiempo, llenando de alabanzas a la reina. La reina se encanta con Jicotea.

El rey, que se empieza a aburrir de tanto juicio, y que está deseoso de tomar café, decide que todos sean castigados, unos por «proponer», y otros por «disponer».

Todos protestan su inocencia. Aprovechando el alboroto, la reina esconde a Jicotea entre sus encajes, lo saca de la audiencia y lo deja en el patio al borde del pozo. Así Jicotea se salva del castigo.

LA ASTUCIA

BOCETO MORFOLÓGICO

13. «Jicotea, una noche fresca», (págs. 131-138) en *Ayapá*.

En este cuento los protagonistas son los otros animales y el antagonista es Jicotea.

1.A. Los otros animales se desenfrenan bailando y se hacen daño los unos a los otros, lo que tiene como función motivémica un estado de CARENCIA.

B. Jicotea goza de la fiesta que ha improvisado sin la venia del rey, lo que tiene una función motivémica de PLENITUD.

2.A. Los otros animales delatan a Jicotea, y piden una reparación por los atropellos recibidos, lo cual tiene una función de MANIOBRA DE FECHORIA.

B. Jicotea es culpado por los otros, y acusado ante el juez y ante el rey, corresponde al motivema VICTIMA DE FECHORIA.

3.A. Los otros animales creen que Jicotea será castigado lo que tiene una función motivémica de PLENITUD PARCIAL.

B. Jicotea es visto como culpable por el rey, lo que tiene como función motivémica un estado de CARENCIA.

4.B. Mientras sigue el debate, Jicotea llena de alabanzas a la reina Maklé, y se escapa escondido entre los encajes de la reina, corresponde a la función de MANIOBRA DE ASTUCIA.

A. Los otros animales que han sido también culpados por el rey, no saben que Jicotea se ha escapado bajo los encajes de la reina, corresponde al motivema VICTIMA DE LA ASTUCIA.

5.B. Jicotea se salva del castigo, gracias a la reina Maklé, lo cual tiene como función motivémica la SUPRESION FINAL DE LA CARENCIA.

A. Los otros animales son castigados, lo que tiene como función motivémica un estado de CARENCIA NO SUPRIMIDA.

SÍNTESIS

del cuento (reducido) «En el río enamorado», (págs. 217-235) en *Ayapá*

En este cuento hay dos historias que pertenecen a un mismo relato pero que pueden ser presentadas separadamente. Los dos primeros párrafos de la síntesis corresponden a la primera historia, pero que integramos a ésta para llegar a una mejor comprensión de la segunda historia. Desde el tercer párrafo en adelante entramos de lleno en la historia que analizamos en el boceto morfológico.

Las tres hermosas hijas de Fedindé Bomba se bañan una mañana en el río. Jicotea las ve y se enamora de ellas. Desde entonces, siempre las mira y las cuida en el río.

Fendindé Bomba, el gran guerrero dueño de la mágica flecha Yilo, no quiere separarse de sus hijas: para poder quedarse con sus hijas el guerrero propone que sólo el que adivine el nombre de cada una —lo que es un secreto— podrá casarse con ellas.

Todos quieren casarse con las hijas de Fendindé Bomba, aún el hijo del rey. Pero Jicotea decide que él será el vencedor. Todos recurren a la magia para adivinar los nombres de las doncellas; excepto Jicotea.

Jicotea cava un pasaje subterráneo hasta el recinto de Fendindé Bomba. Escondido allí, escucha los nombres de las hijas del guerrero.

Ninguno de los pretendientes logra adivinar los nombres de las jóvenes. Jicotea llega el último, y pronuncia cada nombre correctamente, mientras un tamborcillo repite lo dicho como un eco aprobador.

En ese instante, como por encanto, las tres hijas de Fendindé Bomba se enamoran de Jicotea.

Al ver lo sucedido, todos, por odio y celos, quieren matar a Jicotea. Jicotea escapa, pero lleva consigo toda el agua del lugar. La sequía es total, insoportable. Gracias a la magia de Jicotea hay agua siempre en la jícara de la familia de Fendindé Bomba.

Todos, ante el peligro de morir de sed, piden perdón a Jicotea y lo aceptan como esposo de las tres doncellas.

Fendindé Bomba, al oír la voz de Jicotea, atraviesa con la flecha Yilo una calabaza, donde toda el agua del lugar está escondida. La flecha Yilo desaparece en el cielo. El agua vuelve a correr por la tierra.

Jicotea, triunfante, se lleva consigo a sus tres esposas, y a Fendindé Bomba, al fondo del río.

LA ASTUCIA

BOCETO MORFOLÓGICO

14. Cuento (reducido) «En el río enamorado», (págs. 232-235) en *Ayapá.*

En este cuento los protagonistas son los pretendientes de las hijas de Fedindé Bomba, y el antagonista es Jicotea.

1.A. Todos desean casarse con las hijas de Fedindé Bomba, pero no salen vencedores en la prueba, lo que tiene como función motivémica un estado de CARENCIA.

B. Jicotea se ha merecido en una prueba a las tres hijas del gran Fedindé Bomba, lo que tiene una función motivémica de PLENITUD.

2.A. Todos los pretendientes se abalanzan sobre Jicotea, pertenece a la función de MANIOBRA DE FECHORIA.

B. Jicotea debe escapar de sus enemigos, siendo así VICTIMA DE FECHORIA.

3.A. Los pretendientes creen que se han desembarazado de Jicotea, lo que tiene una función motivémica de PLENITUD PARCIAL.

B. Jicotea se ve alejado de sus esposas, lo cual tiene como función motivémica un estado de CARENCIA.

4.B. Jicotea hace desaparecer toda el agua del lugar, la sequía es total, corresponde a la función de MANIOBRA DE ASTUCIA.

A. Todos se mueren de sed, siendo así VICTIMAS DE LA ASTUCIA de Jicotea.

5.B. Jicotea le ordena a Fedindé, el guerrero, que atraviese de un flechazo una calabaza, donde el agua está escondida, y el agua corre por la tierra, llevándose a Jicotea, a sus tres esposas y a Fedindé Bomba hasta el fondo del río, lo que tiene una función de SUPRESION FINAL DE LA CARENCIA.

A. Los pretendientes tienen que aceptar a Jicotea como esposo de las tres doncellas, y tienen que pedirle perdón, para no morir de sed, lo cual tiene como función motivémica un estado de CARENCIA NO SUPRIMIDA.

SÍNTESIS

del cuento «El juicio de Jicotea», (págs. 249-256) en *Ayapá*

El Elefante está comiendo cuando Jicotea llega gritando «fuego». El Elefante lo deja todo para ir a apagar el fuego. En realidad no hay ningún fuego. Mientras, el astuto Jicotea se come toda la comida del Elefante.

El Elefante congrega a todos los animales para encontrar un castigo apropiado para Jicotea.

Llevan a Jicotea preso. Cada animal da su sentencia, pero se encuentra más apropiada la del Licenciado Loro: Jicotea debe morir ahogado en el mar. Pero el mar es distante, entonces encuentran una laguna que hará las veces de mar. Jicotea dice que él no es el ladrón, y permanece callado durante el proceso. Finalmente se le da el honor al Elefante de echar al mar (laguna) a Jicotea, para remediar el agravio. Así se hace.

Jicotea se hunde en las aguas de la laguna, y reaparece lejos, bailando en la superficie, en su propio elemento.

BOCETO MORFOLÓGICO

15. «El juicio de Jicotea», (págs. 249-256), en *Ayapá.*

En este cuento el protagonista es Jicotea, y los antagonistas son el elefante y los otros animales.

Previo al proceso basado en nuestro esquema nuclear hay un proceso preliminar, el cual comienza con un estado de Carencia en la perspectiva del protagonista, y un estado de Plenitud en la perspectiva del antagonista:

P. P. (Carencia) Jicotea tiene hambre.

P. A. (Plenitud) El elefante está comiendo.

P. P. (Maniobra de Astucia) Jicotea grita fuego, con tal de comerse la comida del elefante.

P. A. (Víctima de Astucia) El elefante deja todo para ir a apagar el fuego.

P. P. (Plenitud) Jicotea se ha comido la comida del elefante.

P. A. (Carencia) El elefante ha sido burlado con la historia del fuego y ha perdido su comida.

En el boceto de este cuento las funciones se invierten como resultado del proceso preliminar encontrándonos a Jicotea como protagonista, en un estado de Plenitud (paciente), y al elefante como antagonista, en un estado de Carencia (agente). Esta parte del proceso ocurre en las tres primeras funciones de la matriz. Finalmente, se invertirán las funciones, de paciente a agente para el protagonista, y de agente a paciente para el antagonista, en las funciones cuarta y quinta de la matriz —a través de la técnica del «bout-à-bout»—; terminando así, el protagonista Jicotea con una Supresión final de la Carencia, y el antagonista elefante con un estado de Carencia no suprimida.

1.B. El elefante se queda sin comida, por creerle a Jicotea, lo que tiene como función motivémica un estado de CARENCIA.

A. Jicotea se ha comido toda la comida del elefante, lo que tiene una función motivémica de PLENITUD.

2.B. El elefante convoca a todos los animales, los que sentencian a Jicotea a muerte, ahogado en el mar, lo cual tiene una función de MANIOBRA DE FECHORIA.

A. Jicotea es maniatado, hecho preso, y es azotado, siendo así VICTIMA DE FECHORIA.

3.B. El elefante y sus cómplices creen que el veredicto es justo, lo cual tiene una función motivémica de PLENITUD PARCIAL.

A. Jicotea preso, permanece callado durante el juicio, aceptando el veredicto, lo que tiene como función motivémica un estado de CARENCIA.

4.A. Jicotea obtiene que lo condenen a morir ahogado en el agua, corresponde a la función de MANIOBRA DE ASTUCIA.

B. El elefante tiene el honor de echar a Jicotea al agua, para remediar el agravio recibido, siendo así VICTIMA DE LA ASTUCIA de Jicotea.

5.A. Jicotea se hunde en las aguas de la laguna y reaparece gozoso bailando en la superficie de su propio elemento, lo cual tiene como función la SUPRESION FINAL DE LA CARENCIA.

B. El elefante y los otros animales son burlados, lo que tiene como función motivémica un estado de CARENCIA NO SUPRIMIDA.

En este cuento el esquema aparece de la forma siguiente:

A		*B*
Carencia ↓	vs.	Plenitud ↓
Maniobra de Astucia	vs.	Víctima de Astucia
↓		↓
1. Plenitud ↓	vs.	1. Carencia ↓
2. Víctima de Fechoría ↓	vs.	2. Maniobra de Fechoría ↓
3. Carencia parcial ↓	vs.	3. Plenitud parcial ↓
4. Maniobra de Astucia ↓	vs.	4. Víctima de Astucia ↓
5. Supresión final de la Carencia	vs.	5. Carencia no suprimida

SÍNTESIS

del cuento «La herencia de Jicotea», (págs. 257-264) en *Ayapá*

Jicotea muere de viejo dejando a su viuda Mamá Ayé sola, desconsolada y sin un céntimo.

La viuda, en su dialecto, hace creer a todos que su marido le ha dejado «un ciento, dos cientos», en vez de un asiento, dos asientos.

El bodeguero Gómez, creyendo oír bien lo que dice la viuda Jicotea, se ofrece para ayudarla con el entierro de su marido. Ella acepta su ayuda, sin decirle la verdad de su miseria.

Gómez paga velorio, entierro, alimentos para la viuda. En fin de cuentas, Gómez se ocupa de todo.

Cuando Gómez le reclama su dinero, Jicotea sólo le da las gracias por lo que ha hecho y no menciona dinero. Jicotea no le paga a Gómez, pues su marido nunca le ha dejado nada, y ella tampoco le pide nada al bodeguero; él ha sido el que se ha ofrecido.

LA ASTUCIA

BOCETO MORFOLÓGICO

16. «La herencia de Jicotea», (págs. 257-264), en *Ayapá*.

En este cuento el protagonista es Jicotea, y el antagonista es el bodeguero Gómez.

Previo al boceto basado en nuestro esquema nuclear hay un proceso preliminar, el cual comienza con un estado de Carencia en la perspectiva del protagonista, y un estado de Plenitud en la perspectiva del antagonista.

P. P. (Carencia) A Jicotea se le ha muerto el marido y no le ha dejado un céntimo.

P. A. (Plenitud) Gómez tiene una bodega.

P. P. (Maniobra de Astucia) La viuda les hace saber a todos que su marido le ha dejado dinero, lo cual es falso.

P. A. (Víctima de Astucia) Gómez al oír lo que Jicotea Mamá-Ayé dice, la cree.

En el boceto de este cuento, como en el del cuento anterior, las funciones se invierten, como resultado del proceso preliminar, encontrándonos a Jicotea como protagonista, en un estado de Plenitud (paciente), y al bodeguero Gómez como antagonista, en un estado de Carencia (agente). Esta parte del proceso ocurre en las tres primeras funciones de la matriz.

Finalmente se invertirán las funciones de paciente a agente para el protagonista, y de agente a paciente para el antagonista, en las funciones cuarta y quinta —a través de la técnica del «bout-à-bout»— terminando de esta forma, el protagonista Jicotea con una Supresión final de la Carencia, y el antagonista Gómez con un estado de Carencia no suprimida.

1.B. La codicia del bodeguero Gómez se despierta, lo cual tiene como función motivémica un estado de CARENCIA.

A. Jicotea-Mamá Ayé, sabe que puede contar con la ayuda del bodeguero Gómez para enterrar a su marido, lo que tiene una función motivémica de PLENITUD.

2.B. El bodeguero Gómez paga el velorio, el entierro del muerto, y los alimentos de la viuda, lo que tiene una función de MANIOBRA VIRTUAL DE FECHORIA.

A. Mamá Ayé acepta la ayuda que le ofrece el bodeguero, cayendo así VICTIMA VIRTUAL DE FECHORIA.

3.B. Gómez cree que recibirá el pago de sus servicios, lo que tiene una función motivémica de PLENITUD PARCIAL.

A. Mamá Ayé le debe a Gómez por los favores recibidos, tiene como función motivémica un estado de CARENCIA.

4.A. Mamá Ayé se hace la tonta y sólo agradece los favores del bodeguero, sin mencionar su deuda, porque bien sabe ella que su marido no le ha dejado ni un céntimo, corresponde a la función de MANIOBRA DE ASTUCIA.

B. El bodeguero Gómez no recibe el pago esperado de sus servicios, siendo así VICTIMA DE LA ASTUCIA de Jicotea-Mamá Ayé.

5.A. Mamá Ayé le ha dado a su marido un buen entierro gratuito, lo cual tiene como función la SUPRESION FINAL DE LA CARENCIA.

B. El bodeguero Gómez no recupera lo que ha invertido, lo que tiene como función motivémica un estado de CARENCIA NO SUPRIMIDA.

En este cuento el esquema aparece de la forma siguiente:

A		*B*
Carencia ↓	vs.	Plenitud ↓
Maniobra de Astucia	vs.	Víctima de Astucia
↓		↓
1. Plenitud ↓	vs.	1. Carencia ↓
2. Víctima Virtual de Fechoría ↓	vs.	2. Maniobra Virtual de Fechoría ↓
3. Carencia ↓	vs.	3. Plenitud parcial ↓
4. Maniobra de Astucia ↓	vs.	4. Víctima de Astucia ↓
5. Supresión final de la Carencia	vs.	5. Carencia no suprimida

CAPITULO II

ESTUDIO MORFOLÓGICO-ESQUEMÁTICO DE LOS CUENTOS DE LYDIA CABRERA

Temas de la Astucia, Venganza y Mejoramiento en *Por qué.*

Después de haber tratado sobre la virtud africana de la astucia en el capítulo I, en este capítulo pasaremos a analizar cuentos relacionados con la astucia, la venganza y el mejoramiento. Estos cuentos tienen en común el encontrarse en un solo volumen llamado *Por qué,* y todos, de una forma u otra, nos narran el «porqué» las cosas son como son. En el lenguaje vernacular se dice «todo tiene su porqué», y de ahí nace la idea de la autora para intitular su libro. Esta agrupación especial tiene lugar en *Por qué* ya que la mayoría de sus cuentos trata sobre los mitos de los orígenes de las cosas o de la creación, presentando un sincretismo temático en la pregunta «¿Por qué?» que hace las veces de elemento unificador de los mismos.

Para el análisis de este libro hemos escogido 13 cuentos que tienen como modelo la misma matriz ya utilizada en el capítulo I, y que presentamos de nuevo a continuación. En los bocetos morfológicos del capítulo II, las secuencias que forman la matriz también aparecen relacionadas entre sí según la técnica del «bout-à-bout», que hemos explicado en detalle en la introducción del capítulo anterior; de esa forma el protagonista pasa de ser agente a ser paciente, mientras el antagonista es paciente al principio pasando a ser agente después.

Modelo nuclear:

A. *Perspectiva del Protagonista*	B. *Perspectiva del Antagonista*

1. Carencia	vs.	1. Plenitud
↓		↓
2. Maniobra de Fechoría	vs.	2. Víctima de Fechoría
↓		↓
3. Plenitud parcial	vs.	3. Carencia
↓ Astucia		↓ Astucia
4. Víctima de: Venganza	vs.	4. Maniobra de: Venganza
↓ Mejoramiento		↓ Mejor.
5. Carencia no suprimida	vs.	5. Supresión final de la Carencia

Seis de los cuentos se relacionan con el tema de la astucia, cuatro con el tema de la venganza, dos con el tema del mejoramiento, y uno con el tema de la protección. En los cuentos que utilizamos en nuestro análisis no hay ningún caso que presente procesos intercalados, pero hay un cuento específico, «Por qué... Jicotea lleva su casa a cuestas, el majá se arrastra, la lagartija se pega a la pared», en el que hay un proceso anterior al modelo nuclear, el cual no afecta la validez de la matriz y por el contrario la enriquece.

El proceso preliminar que hemos mencionado comienza con un estado de Plenitud en la perspectiva del antagonista: todos se aprovechan despiadadamente de Fékue. El protagonista, a su vez, se halla en un estado de Carencia: Fékue, es huérfano y se siente maltratado. Para salir del estado de Carencia se necesita una Maniobra de Mejoramiento en la perspectiva del protagonista: el joven hace una ofrenda a los dioses del bosque. Y es gracias a esta función de Mejoramiento que el proceso que aparece después del proceso preliminar comienza con un estado de Plenitud en la perspectiva del protagonista: Fékue ha recibido una recompensa (una alforja llena de dinero) por la ofrenda de su sangre a los dioses (1.A.) y un estado de Carencia en la perspectiva del antagonista: Lagartija, Majá y Jicotea desean poseer el tesoro de Fékue (1.B.). El análisis de este cuento se encuentra en detalle en el boceto morfológico del mismo.

Los demás cuentos que vemos en este capítulo no tienen cambios mayores o intercalaciones; aunque, en algunos existe una que otra variante menor, en relación con la matriz propuesta, la cual no afecta el modelo nuclear.

Por ejemplo, en el cuento «Por qué... la Tierra le presta al hombre y, éste tarde o temprano, le paga lo que le debe», la función 2.A. se llama Maniobra de Negación en vez de Maniobra de Fechoría, ya que la acción que la Tierra lleva a cabo tiende a frustrar al hombre: la Tierra se endurece y se cierra, negándose a dar sus frutos al hombre. En la función 2.B. el hombre es víctima de la Maniobra de Negación, cuando no puede como antes escarbar la Tierra endurecida y obtener de ella sus frutos.

En el cuento «Por qué... el mono perdió el fruto de su trabajo» la función 2.A. es una Maniobra de Astucia y no de Fechoría: el mono trabaja abatiendo los árboles, cortando la leña, y guataqueando la tierra que la pereza de Juan Gangá deja a su paso, haciéndose así socio de Juan. En la función 2.B., el antagonista es Víctima de la Astucia: Juan debe aceptar el tener que dividir el arroz que será recogido con el mono.

Por último, podemos separar los cuentos analizados en este capítulo en tres grupos temáticos:

Los relacionados con el tema de la Astucia: 1, 4, 5, 8, 11 y 13.
Los relacionados con el tema de la Venganza: 2, 3, 7 y 10.
Los relacionados con el tema del Mejoramiento: 6, 9 y 12.

SÍNTESIS

del cuento «Por qué... se cerraron y volvieron a abrirse los caminos de la Isla» (págs. 15-24), en *Por qué*

Un buen día, los caminos que existen en la Isla se cierran misteriosamente. Cada viajero que parte lo hace para no regresar jamás. Desde entonces toda comunicación se hace impracticable. El culpable de lo sucedido es el diablo Okurri Borokú.

Muchos hombres valerosos salen en busca de un camino, pero ninguno retorna. Un hombre y su mujer envían a sus veinte hijos e hijas. Ninguno regresa.

Los viajeros no regresan porque el diablo Okurri Borokú se los come. El diablo los encuentra en un camino y les pone a prueba: tocar la guitarra sin cansarse mientras él baila. Los viajeros siempre se cansan antes que el diablo. El diablo siempre gana.

Al cabo de veinte años, la mujer que ha perdido sus veinte hijos e hijas da a luz mellizos —los mellizos son protegidos de los dioses— y se les llama Taewo y Kainde. Cada mellizo trae al cuello un collar de perlas de azabache con una cruz de asta. Los mellizos crecen fuertes y saludables bajo la protección de sus padres y de los dioses. Sin embargo, un día, los mellizos desean partir en busca de un camino.

Caminan siete días por el bosque, y siete días por la sierra y la llanura. Por fin encuentran al diablo, dormido, inmóvil sobre una pila de huesos humanos. El diablo se despierta y pone a prueba a uno de los mellizos, sin saber que son dos, y que uno está escondido.

Los mellizos tocan la guitarra, intercambiándose, mientras el diablo baila. De esta forma, mientras uno toca, el otro descansa. El diablo, que no cesa de bailar se cansa por fin, y cae de espaldas, cara a la luna.

Los mellizos van a arrancarle las entrañas para quemarlas en la hoguera, pero sus collares (objetos maravillosos) les indican lo que deben hacer para que el diablo muera.

Los mellizos siguen el consejo de sus collares y dan muerte al horrible diablo Okurri Borokú. Desde ese momento los caminos reaparecen.

LA ASTUCIA

BOCETO MORFOLÓGICO

1. ¿Por qué? «Se cerraron y volvieron a abrirse los caminos de la Isla», (págs. 15-24), en *Por qué.*

En este cuento el protagonista es Okurri Borokú y los antagonistas los mellizos Taewo y Kainde.

1.A. El que haya caminos no conviene a Okurri Borokú, lo cual tiene como función motivémica un estado de CARENCIA.

B. Hay caminos, lo que tiene una función motivémica de PLENITUD.

2.A. El diablo Okurri Borokú cierra los caminos, lo que tiene una función de MANIOBRA DE FECHORIA.

B. Un día ya no hay más caminos, y así, los hombres y las mujeres caen VICTIMAS DE LA FECHORIA de Okurri.

3.A. El diablo pone a prueba a los viajeros, y estando en pleno control de la situación se los come después, lo cual tiene una función motivémica de PLENITUD PARCIAL.

B. Los hombres y mujeres que van en busca de caminos nunca regresan, corresponde a la función motivémica de CARENCIA.

4.B. Los mellizos Taewo y Kainde salen en busca de caminos, se encuentran con Okurri Borokú, y tocan la guitarra intercambiándose, mientras el diablo baila sin cesar hasta el desfallecimiento, matándolo entonces, corresponde a la función de MANIOBRA DE ASTUCIA.

A. El diablo es engañado y muerto, en manos de los mellizos, siendo así VICTIMA DE LA ASTUCIA de los hermanos.

5.B. Los mellizos liberan la Isla del diablo, y de nuevo se abren los caminos, lo cual tiene como función la SUPRESION FINAL DE LA CARENCIA.

A. Para el diablo, la muerte tiene como función motivémica un estado de CARENCIA FINAL.

SINTESIS

del cuento «Por qué... cundió brujería mala» (págs. 30-34), en *Por qué*

Bracundé es leñador y tiene una hermosa mujer llamada Diansola. Diansola le lleva de comer a su marido, todos los días, mientras él trabaja. Su perro Bagarabundi siempre la acompaña.

En el monte donde Bracundé corta la leña vive un brujo llamado Indiambo. Este se enamora de Diansola y se propone raptarla. Con esta intención, el brujo Indiambo hace un maleficio para deshacerse de Bracundé.

Por obra del maleficio, dos hombres vienen a llevarse a Bracundé preso. Desde entonces Diansola le lleva la comida a la cárcel, llevando siempre consigo al perro Bagarabundi. Todos los días, camino de la cárcel, Diansola debe pasar delante de la puerta de Indiambo, pero el fiel Bagarabundi la protege.

El día que liberan a Bracundé, Indiambo rapta a Diansola. Bracundé ha pasado bastante tiempo en la prisión, pero Indiambo sólo puede raptar a Diansola el día que sale libre Bracundé, porque ese día el perro no la acompaña.

Al llegar a su casa, Bracundé no halla a su mujer en ésta. Bracundé desata el perro; el hacha que cuelga cae al suelo por su propio peso y rebota en las manos del hombre. Bagarabundi lo guía hasta el bosque, y el viento le trae los gritos de su mujer; mientras, el hacha corta, por sí sola, la arboleda que le impide andar. Por fin, encuentra a Diansola, gimiendo en los brazos del horrible Indiambo.

Bagarabundi apresa al brujo entre sus dientes, Bracundé le ahoga con sus manos, y el hacha enrojece con la sangre del brujo hecho pedazos. Bracundé recoge los pedazos del brujo con la intención de diseminarlos por el mundo para que no se unan jamás.

Indiambo muere, y sus pedazos son propagados por el mundo; pero, en cada lugar donde se arroja un pedazo renace la brujería mala.

BOCETO MORFOLÓGICO

2. ¿Por qué? «Cundió brujería mala», (págs. 30-34), en *Por qué.* En este cuento el protagonista es el brujo Indiambo, y el antagonista es Bracundé.

1.A. El brujo Indiambo desea a Diansola para él, tiene como función motivémica un estado de CARENCIA.
B. Bracundé el leñador tiene una hermosa mujer llamada Diansola, lo que tiene una función motivémica de PLENITUD.
2.A. El brujo Indiambo le hace un maleficio a Bracundé, lo cual tiene una función de MANIOBRA DE FECHORIA.
B. A Bracundé se lo llevan preso, cayendo así VICTIMA DE FECHORIA.
3.A. Indiambo se ha posesionado de Diansola, lo que tiene una función motivémica de PLENITUD PARCIAL.
B. Bracundé, libre, no encuentra a su mujer en la casa, corresponde a la función motivémica de CARENCIA.
4.B. Bracundé busca a Indiambo, lo mata con la ayuda de su hacha y de su perro (auxiliares), y recoge sus pedazos en un saco, corresponde a la función de MANIOBRA DE VENGANZA.
A. Indiambo es vencido, siendo así VICTIMA DE LA VENGANZA de Bracundé.
5.B. El brujo ha sido destruido por Bracundé y Bagarabundi, y Diansola ha sido puesta a salvo, lo que tiene como función la SUPRESION FINAL DE LA CARENCIA.
A. Indiambo pierde definitivamente a Diansola ya que él muere, lo que tiene como función motivémica un estado de CARENCIA FINAL.

SÍNTESIS

del cuento «Por qué... Jicotea lleva su casa a cuestas, el majá se arrastra, la lagartija se pega a la pared» (págs. 35-43) en *Por qué*

Fékue es huérfano, no tiene a nadie en el mundo. El ama la naturaleza y detesta la maldad de los hombres. Los hombres, a su vez, se aprovechan de la juventud de Fékue, de su fuerza física y de su pobreza, abrumándole de trabajo.

Fékue sabe que en el monte habitan, en dos árboles contiguos, las almas de sus padres. En el monte, también habitan los dioses, los espíritus de los muertos, diablos, animales fantasmales, hierbas maléficas y medicinales. Lo bueno y lo malo conviven en el monte. Fékue siempre lleva ofrendas al monte donde moran sus padres, y el monte se hace su amigo y protector.

Un día en que Fékue no tiene nada que ofrecer a los dioses del monte, da su sangre en ofrenda, y los dioses del monte le recompensan.

Camino de su casa, Fékue siente sobre sus hombros el peso de un bulto. Al llegar a su casa ve que el bulto es una alforja llena de dinero. Fékue esconde su tesoro.

Sin embargo, una lagartija lo ve todo y va a contar el secreto de Fékue al Majá (serpiente) y a Jicotea (la tortuga). Entre todos deciden robarle a Fékue su tesoro.

Como parte del plan, Jicotea va a pedirle hospitalidad a Fékue, y éste se la otorga de buen grado. Cuando Fékue sale de su casa, Jicotea se ocupa de escudriñarla hasta el último rincón. Sin embargo, Jicotea no encuentra el tesoro, y tiene que despedirse sin hallar lo que busca.

Los tres ladrones colocan al gallo Ofetilé-Ofé como espía de la casa de Fékue.

El gallo anuncia la salida de Fékue de su casa, y Jicotea, Majá, y Lagartija le siguen para matarle, después de hacerle confesar donde esconde el tesoro.

Cuando los tres asaltantes creen ser dueños de la situación y poder robar y asesinar a Fékue, se les aparece el dios del monte, Osaín, y empiezan a experimentar cambios dolorosos en sus cuerpos, quedando petrificados, sin poder huir. El majá pierde todos sus miembros; a Jicotea se le traba la lengua y se le paraliza la pata que sostiene la piedra mortífera; los dedos de la lagartija se engarrotan de dolor apretando el cuchillo traidor.

Osaín impone como castigo a Jicotea el llevar por siempre su carapacho como casa y prisión. Al majá le impone arrastrarse por la tierra, por la eternidad. A Lagartija le impone vivir pegado por siempre a las paredes.

De esta manera, Osaín salva de las garras de esos malhechores a su protegido Fékue, maldiciendo por siempre a sus atacantes, cambiándoles sus formas y torciéndoles sus destinos.

LA VENGANZA

BOCETO MORFOLÓGICO

3. ¿Por qué? «Jicotea lleva su casa a cuestas, el majá se arras-

tra, la lagartija se pega a la pared», (págs. 35-43), en *Por qué.*

El protagonista de este cuento es Fékue y los antagonistas Lagartija, Majá y Jicotea.

Previo al boceto basado en nuestro esquema nuclear, aparece un proceso preliminar que comienza en la perspectiva del protagonista con un estado de Carencia:

A. 1. (Carencia): Fékue es huérfano, no tiene a nadie en el mundo y se siente maltratado.

Paralelo al estado de Carencia del protagonista los antagonistas se encuentran en un estado de Plenitud.

B.1. (Plenitud): Todos se aprovechan de Fékue.

Acto seguido, en la perspectiva del protagonista tenemos una Maniobra de Mejoramiento.

A.2 (Maniobra de Mejoramiento): Fékue hace una ofrenda a los dioses en el bosque que le aportará beneficio; versus una Degradación en la perspectiva de los antagonistas.

B.2 (Degradación): Lagartija después de ver a Fékue recibir su tesoro y llevarlo a casa, va a contárselo todo a Majá y a Jicotea. Esta degradación del estado de Plenitud en la perspectiva de los antagonistas tiene lugar porque de ahora en adelante ellos no podrán aprovecharse más de Fékue. De esta forma el boceto morfológico que sigue al proceso preliminar no cambia, permaneciendo igual a la matriz propuesta, comenzando con un estado de Plenitud en la perspectiva del protagonista (1.A.) versus un estado de Carencia en la perspectiva del antagonista (1.B.).

1.A. Fékue ha recibido una recompensa de los dioses (una alforja llena de dinero) por la ofrenda de su propia sangre depositada en el bosque, y la esconde, la cual tiene una función motivémica de PLENITUD.

B. Lagartija, Majá y Jicotea desean poseer el tesoro de Fékue, lo que tiene como función motivémica un estado de CARENCIA.

2.A. Fékue tiene piedad de Jicotea y la aloja en su casa mientras él se ausenta por unos días, cayendo así VICTIMA DE FECHORIA.

B. Jicotea se arregla para que Fékue la aloje en su casa, con la intención de robarle su tesoro; al no encontrarlo —acompañada de Majá y Lagartija— sigue a Fékue hasta el bosque, en donde le harán revelar el escondite del tesoro, para luego matarlo, lo cual tiene una función de MANIOBRA DE FECHORIA.

3.A. Fékue cae en manos de sus enemigos, y su vida y riqueza están en peligro, corresponde a la función motivémica de CARENCIA.

B. Jicotea, Majá y Lagartija se han apoderado de Fékue, y en principio creen que se han apoderado del tesoro, lo que tiene una función motivémica de PLENITUD PARCIAL.

4.B. El Majá pierde todos sus miembros, a Jicotea se le paraliza una pata y se le traba la lengua, a Lagartija se le engarrotan los dedos, cayendo así VICTIMAS DE LA VENGANZA de Osaín.

A. Osaín, dios protector de Fékue, viene en su ayuda, creando cambios dolorosos en los cuerpos de los atacantes, impidiéndoles huir; las perspectivas de Osaín y Fékue se asimilan, y Osaín se hace instrumento de la venganza, lo cual corresponde a la función de MANIOBRA DE VENGANZA. Haciéndole un favor a Fékue, el dios adopta la perspectiva del protagonista, convirtiéndose en agente; Fékue es paciente en esta función ya que es beneficiario de la ayuda de Osaín.

5.B. El castigo de los atacantes perdurará por siempre, lo que tiene como función motivémica un estado de CARENCIA NO SUPRIMIDA.

A. Fékue es salvado de la muerte por Osaín su protector, lo cual tiene como función la SUPRESION FINAL DE LA CARENCIA.

En este cuento el esquema nuclear aparece modificado de la forma siguiente:

A		*B*
1. Carencia ↓	vs.	1. Plenitud ↓
2. Maniobra de Mejoramiento	vs.	2. Degradación
↓		↓
1. Plenitud ↓	vs.	1. Carencia ↓
2. Víctima de Fechoría ↓	vs.	2. Maniobra de Fechoría ↓
3. Carencia ↓	vs.	3. Plenitud parcial ↓
4. Maniobra de Venganza ↓	vs.	4. Víctima de la Venganza ↓
5. Supresión final de la Carencia	vs.	5. Carencia no suprimida

SÍNTESIS

del cuento «Por qué... el chivo hiede» (segundo cuento, págs. 50-52), en *Por qué*

La diosa del amor, Ochún Yeyé-Kari, es bellísima. Todos los hombres la adoran y viven enamorados de ella. Un día la diosa se va al bembé (fiesta) donde dioses y hombres se aunan con el baile y el canto. En el bembé se encuentra el chivo Aukó (macho cabrío), quien codicia el poder de seducción de la diosa, y es compinche del diablo. Aukó es un animal depravado y presuntuoso, lleno de intenciones tenebrosas.

Aukó le pide a la diosa Ochún, aspirando el aire fuertemente, que le dé su olor, su perfume, para enamorar y embriagar a las gentes.

La diosa Ochún Yeyé-Kari le ofrece un ungüento a Aukó diciéndole que éste le dará el perfume y la frescura que ella posee. En realidad Ochún miente, y el ungüento que le da a Aukó no es lo que él pide.

Aukó huele el ungüento. Sin embargo, el olor engaña y el chivo respira flores, canela y delicias. Después de olerlo bien, Aukó se unta por todas partes el oloroso ungüento. Al cabo de la operación, el chivo Aukó empieza a apestar, fétidamente. Así, por siempre, el chivo olerá mal, y vivirá despreciado, maldito, abandonado de todos, purgando su insulto a la diosa del amor.

LA ASTUCIA

BOCETO MORFOLÓGICO

4. ¿Por qué? «El chivo hiede» (cuento intercalado, págs. 50-52), en *Por qué*.

En este cuento el protagonista es el Chivo Aukó, y la antagonista la diosa Ochún Yeyé-Kari.

1.A. Aukó, el chivo compinche del diablo, codicia poseer el poder de seducción de la diosa, lo cual tiene como función motivémica un estado de CARENCIA.

B. Ochún Yeyé-Kari, la diosa del Amor, es bellísima, lo que tiene una función motivémica de PLENITUD.

2.A. Aukó, que desea apoderarse del poder de seducción de Ochún, le pide a la diosa que le dé su olor, su perfume, para poder enamorar y embrujar a la gente, lo que tiene una función de MANIOBRA DE FECHORIA.

B. Ochún Yeyé-Kari presta oído a la pretenciosa demanda del chivo Aukó y le da un ungüento, apareciendo así como VICTIMA VIRTUAL DE LA FECHORIA de Aukó.

3.A. Aukó cree que el ungüento de Ochún le dará el perfume y la frescura de la diosa, lo cual tiene una función motivémica de PLENITUD PARCIAL.

B. El poder de seducción de Ochún ha sido, supuestamente, compartido, y la diosa ha recibido el insulto de la irreverencia de Aukó, lo que corresponde a la función motivémica de CARENCIA.

4.B. La diosa Ochún miente, y a sabiendas le da a Aukó un ungüento que no es lo que él quiere, corresponde a la función de MANIOBRA DE ASTUCIA.

A. Aukó se unta el ungüento y empieza a apestar fétidamente, siendo así VICTIMA DE LA ASTUCIA de Ochún.

5.B. Ochún no le ha entregado su perfume a Aukó, por lo que su poder de seducción sigue siendo únicamente suyo, castigando así la irreverencia de Aukó, lo cual tiene como función la SUPRESION FINAL DE LA CARENCIA.

A. Aukó olerá por siempre mal, viviendo despreciado, maldito, y abandonado de todos, lo que tiene como función motivémica un estado de CARENCIA FINAL.

SÍNTESIS

del cuento «Por qué... las mujeres se encomiendan al árbol Dagame» (págs. 57-63), en *Por qué*

Dos que se han amado en el bosque engendran a Bondó, un niño bellísimo. Desde su nacimiento todas las mujeres le quieren, le dan leche de sus pechos, y le sirven de nodriza. Todas las mujeres ven en Bondó, al hijo deseado. Bondó ha nacido para ser amado y ser preferido.

Los hombres se dan cuenta de esto, y tienen celos y envidia de Bondó. Los hombres lo empiezan a ver como su adversario.

Mientras, Bondó crece hasta convertirse en un joven hermoso, fuerte, y lleno de virtudes físicas y espirituales. Bondó ha venido al mundo para gustar.

Sin embargo, un día, cuando los celos de los hombres ya no son sino odio, los hombres deciden matar a Bondó.

Los hombres van a ver a un brujo adivino, el que les señala

que Bondó está protegido por los dioses, y que no morirá de ningún hechizo. Sólo Bondó puede acabar con su propia vida.

Lo llevan al bosque donde ha sido engendrado y le obligan a talar el árbol Dagame, sabiendo que al talar el árbol se matará a sí mismo.

Bondó se niega a talar el árbol, pero los hombres le obligan a hacerlo. En este preciso instante, Bondó reconoce en sus asesinos a los hombres de su pueblo, aún amigos y parientes, y los desprecia.

Finalmente, Bondó acepta talar el árbol, pero les dice que es necesario cantar para derribar el árbol Dagame. El canto de Bondó es un conjuro, y al descargar el primer hachazo un chorro de sangre mana del árbol y una mujer escapa de la herida del árbol.

La mujer corre al pueblo en busca de las mujeres que tanto aman a Bondó. Si alguien se fija bien se dará cuenta que la mujer es en realidad un espíritu, sin pies, y su cercanía hiela. En el pueblo, la mujer avisa a los padres de Bondó del horrendo crimen que se está perpetrando en el bosque. También, la mujer avisa a todas las mujeres, que corren al bosque para tratar de salvar a Bondó, el favorito.

Mientras tanto, cada hachazo de Bondó lanza al aire astillas del árbol, las que se van incrustando en el vientre de todas las mujeres presentes y de todas las distantes. Cada vientre de mujer recibe del árbol Dagame, que contiene la vida de Bondó el Deseado, un poco de esa vida que se abate.

Por fin, Bondó lanza un último golpe gritando «¡Sagrimanía!» y cae muerto. Pero las astillas del árbol de su vida han fecundado a las mujeres, inmortalizándolo en su vasta progenitura. Desde entonces todas las mujeres estériles se confían al árbol Dagame.

LA ASTUCIA

BOCETO MORFOLÓGICO

5. ¿Por qué? «Las mujeres se encomiendan al árbol Dagame» (págs. 57-63) en *Por qué.*

En este cuento los protagonistas son los hombres, y el antagonista es Bondó.

1.A. Los hombres tienen celos y envidia de Bondó, lo que tiene como función motivémica un estado de CARENCIA.

B. Bondó, el bellísimo hijo de dos que se amaron en el bosque, es querido de todas las mujeres, lo que tiene una función motivémica de PLENITUD.

2.A. Los hombres, siguiendo las recomendaciones de un brujo, llevan a Bondó al bosque y le obligan a talar el árbol Dagame, donde se encierra la esencia de su vida, lo que tiene una función de MANIOBRA DE FECHORIA.

B. Bondó cae en manos de los hombres que quieren deshacerse de él, siendo así VICTIMA DE FECHORIA.

3.A. Los hombres creen que se librarán de Bondó, al morir éste, lo que tiene una función motivémica de PLENITUD PARCIAL.

B. Bondó acepta talar el árbol Dagame, lo cual tiene como función motivémica un estado de CARENCIA.

4.B. Bondó dice que es necesario cantar para derribar el árbol Dagame. Su canto es un conjuro, lo que corresponde a la función de MANIOBRA DE ASTUCIA.

A. Los hombres le permiten cantar, cayendo así VICTIMAS DE LA ASTUCIA de Bondó.

5.B. Cada hachazo de Bondó fecunda a las mujeres presentes y distantes, con las astillas que lanza al aire, inmortalizando a Bondó en su vasta progenitura, lo que tiene como función la SUPRESION FINAL DE LA CARENCIA.

A. Los hombres tienen que aceptar ahora la simiente de Bondó en el vientre de sus mujeres, lo que tiene como función motivémica un estado de CARENCIA FINAL.

SÍNTESIS

del cuento «Por qué... la tierra le presta al hombre y, éste tarde o temprano, le paga lo que le debe» (págs. 63-65), en *Por qué*

En la tierra no hay más que un solo hombre, Yácara. La tierra se llama Entoto, y el mar Kalunga. La loma junto al mar se llama Cheché Kalunga.

El hombre se cree el rey del mundo, y se dice «enviado de Sambia (Dios)»; pero, tiene que escarbar la tierra para encontrar su sustento. La loma, Cheché Kalunga, y el mar, le hacen ver a la tierra, Entoto, que el hombre no es más fuerte que el mar, ni que la montaña, y no tiene derecho a robarle los frutos de la tierra. Al oír esto, la tierra reconoce que el hombre es débil y le pregunta: «¿por qué tomas lo que es mío?» En ese momento, el mar le hace saber al hombre que no reconoce a ningún señor.

Yácara, el hombre, pide entonces permiso a Cheché Kalunga para subir hasta su cima y hablarle a Sambia. Cheché Kalunga se lo concede y Yácara le dice a Dios que la tierra no quiere darle sus frutos. Sambia le aconseja que se pongan de acuerdo entre ellos mismos.

De regreso, Yácara habla con Entoto, y le pide que lleguen a un acuerdo, y que le proporcione lo necesario para vivir él y su descendencia.

Entoto consiente en darle lo que necesita, pidiéndole «algo» a cambio de sus servicios. El hombre no sabe que ofrecerle a la tierra; entonces ella le dice: «te quiero a ti».

El hombre tiene que aceptar, obligado por el hambre, la proposición de Entoto, pero pone una condición: la tierra lo sustentará a él y a sus hijos; mas, el hombre no le entregará su cuerpo hasta que Sambia lo autorice, en el momento que sea conveniente. Sambia aprueba el trato.

Con el tiempo el hombre conviene tratos con el Fuego, la Montaña y el Río, con los Espíritus y las bestias. Sin embargo, nunca logra pactar nada seguro con el indómito Mar, ni con el esquivo Viento.

EL MEJORAMIENTO

BOCETO MORFOLÓGICO

6. ¿Por qué? «La tierra le presta al hombre y, éste tarde o temprano, le paga lo que le debe» (págs. 63-65), en *Por qué*.

En este cuento el protagonista es la Tierra y el antagonista es el hombre.

1.A. La Tierra, herida, maltratada, y devorada resiente al hombre, reconociendo que éste no tiene derecho de robarle sus frutos; lo que tiene como función motivémica un estado de CARENCIA.

B. En el principio, el hombre se piensa el rey del mundo, y escarba la Tierra sin el permiso de ésta, lo que tiene una función motivémica de PLENITUD.

2.A. La Tierra se endurece y se cierra, negándose a dar sus frutos al hombre; lo que tiene una función de MANIOBRA DE NEGACION.

B. El hombre no puede como antes escarbar la Tierra endurecida y obtener de ella sus frutos, cayendo así VICTIMA DE LA MANIOBRA DE NEGACION.

A. La Tierra se reposa del escarnio del hombre, y tiene entre sus manos, por decreto de Sambia, la vida del hombre; lo que tiene una función motivémica de PLENITUD PARCIAL.

B. El hombre tiene hambre, y Sambia no interviene en su favor, corresponde a la función motivémica de CARENCIA.

4.B. El hombre pacta con la Tierra, dando su cuerpo a cambio de frutos de la Tierra que lo sustentarán a él y a sus descendientes, corresponde a la función de MANIOBRA DE MEJORAMIENTO.

A. La Tierra debe aceptar que el hombre le entregue su cuerpo sólo cuando Sambia mismo lo disponga, siendo así VICTIMA DE DEGRADACION.

5.B. El hombre desde entonces se sustenta del fruto de la Tierra, creando así la SUPRESION FINAL DE LA CARENCIA.

A. La Tierra tiene que aceptar un pacto que no le acomoda, ya que ella no necesita del hombre y éste sí necesita de ella, lo que tiene como función motivémica un estado de CARENCIA FINAL.

SÍNTESIS

del cuento «Por qué... el algodón ciega a los pájaros» (págs. 68-73), en *Por qué*

Olofí, el Dios creador, es padre de Obatalá, el más grande de todos los Orishas (santos). La planta del Algodón, Oú, tiene el honor de poder vestir a Obatalá, con la suavidad y blancura de su vello. Todos lo envidian, pero Oú, que es sencillo, no se jacta de su suerte.

Sin embargo, a Chomuggé, el Cardenal, y a Agutté, el Pavo Real, les envenena la existencia el honor que se le confiere a Oú. Chomuggé daría su corona, y Agutté sus plumas por ser un mero copo de algodón.

La Pajarería entera envidia la suerte de Oú, más que nadie en el mundo, y trama deshacerse de Oú.

Los pájaros se van con embustes a la Luna y al Sol, para predisponerlos contra Oú.

A la Luna se le dice que Oú es un farsante fanfarrón, que se cree superior a Obatalá, que se cree más blanco que Obatalá, que se hace pasar por Obatalá, que confunde a los devotos de Obatalá haciéndose pasar por El mismo. Oyendo todo esto, la Luna juzga necesario castigar a Oú, llenándolo cada noche de un frío intenso hasta hacerlo morir.

Al Sol se le dice que Oú, envanecido por ser la Capa de Obatalá, va diciendo por el mundo que él es el que la ha fabricado, y que Oú dice que él y Obatalá son el mismo. El Sol quiere castigar a Oú, prometiendo convertirlo en un montón de ceniza oscura. Los pájaros, por su parte, prometen picotear las hojas de Oú, y comerse sus retoños.

El inocente Oú va a ver a Orula, el más viejo de los santos. Orula le revela la intriga y le sugiere que haga un sacrificio y una ofrenda propiciatoria. Oú va a la Loma a dejar su ofrenda.

Obatalá desciende por el sendero de la Loma y se mancha su hermoso vestido blanco. Pero, encuentra la ofrenda de Oú, que es ropa fresca y limpia, se la pone, y come las palomas blancas que Oú le ha dejado. Después Obatalá quiere saber quien ha hecho Ebó (el sacrificio).

Los pájaros, creyendo que Obatalá está enfadado con el que hizo Ebó, niegan el haberlo hecho, pero Oú inmediatamente confiesa que él ha dejado esa ofrenda en el camino de Obatalá.

Obatalá sabe por la boca de Oú todo lo que ha ocurrido. El Orisha quiere castigar eternamente la envidia y la perfidia de los pájaros, colocando para siempre entre sus protegidos a la blanca planta de Algodón.

Como castigo, los pájaros son condenados a volverse ciegos cada vez que, desmemoriados, hunden su pico irreverente en la sagrada cápsula de la planta del Algodón; y morir en su ceguera, estrellándose contra las piedras.

LA VENGANZA

BOCETO MORFOLÓGICO

7. ¿Por qué? «El algodón ciega a los pájaros» (págs. 68-73), en *Por qué.*

En este cuento los protagonistas son los pájaros y el antagonista es Oú, la planta de Algodón.

1.A. Todos los pájaros envidian a Oú, la planta de Algodón, lo que tiene como función motivémica un estado de CARENCIA.

B. Oú tiene el honor de poder vestir a Obatalá con la suavidad y blancura de su vello, lo cual tiene una función motivémica de PLENITUD.

2.A. La Pajarería denuncia a Oú ante el Sol y la Luna, y logra predisponerlos contra él, lo que tiene una función de MANIOBRA DE FECHORIA.

B. Oú es denunciado por la Pajarería ante los dos astros estelares, siendo así VICTIMA DE FECHORIA.

3.A. La Pajarería ha logrado que Oú sea castigado, lo que tiene una función motivémica de PLENITUD PARCIAL.

B. Oú soporta estoicamente el castigo implacable del Sol y la Luna, corresponde a la función motivémica de CARENCIA.

4.B. Oú, el protegido de Obatalá, es beneficiario de la MANIOBRA DE VENGANZA del dios, ya que Obatalá ha intercedido por él castigando a sus enemigos.

A. La Pajarería es castigada por Obatalá, por su envidia y perfidia, cayendo así VICTIMA DE LA VENGANZA del dios Obatalá.

5.B. Oú es colocado para siempre entre los protegidos de Obatalá, lo que tiene como función la SUPRESION FINAL DE LA CARENCIA.

A. Los pájaros son condenados a volverse ciegos cada vez que desmemoriados hundan su pico irreverente en la sagrada cápsula de la planta de Algodón, y morir en su ceguera, estrellándose contra las piedras, lo cual tiene como función motivémica un estado de CARENCIA FINAL.

SÍNTESIS

del cuento «Por qué... Susudamba no se muestra de día» (págs. 101-119), en *Por qué*

Las lechuzas siempre han vivido solitarias, tristes, aisladas de todos los otros animales. A ellas no les gusta el sol, y a él no le gustan ellas, así que sólo salen de noche. Ellas no conocen nada, fuera de la periferia de su mundo. Hasta que un día, un lechuzo curioso comprende, cuando ve una nube viajera, que el mundo se extiende mucho más lejos de lo que ellos piensan.

El joven lechuzo, que ve la nube viajera, quiere saber de donde vienen y a donde van las nubes. Sólo el viejo y sabio pensador de la tribu, Obkó-Alase, guardador de las historias y secretos de la tribu, puede ayudarle a esclarecer el misterio, ya que los otros sabios de la tribu se empeñan en callar y no comunicar lo que saben.

Lleno de un nuevo vigor, el joven lechuzo decide subir al más alto sitio y dejar que Afén, el viento ancho y libre de las alturas, lo lleve muy lejos. El viento lo lleva al país de las gallinas. En ese país las gallinas quedan fascinadas ante el visitante, que creen venido de la luna.

Durante media noche, el lechuzo rompe corazones, y hace promesas abrasadoras a las gallinas. Sin embargo, antes de que claree, el lechuzo regresa a su tierra.

Al volver a su país, habla mil encantos de las gallinas y su mundo. Toda la lechucería le escucha y se contagia de su felicidad. Todos lloran ansiosos de felicidad, todos gritan: «¡Queremos ser felices!» «¡Todos queremos gallinas!».

Así que, a las ocho de la noche, media tribu de lechuzos blancos vuelan al país de las gallinas. Las gallinas no caben de gozo al ver tantos extranjeros que las visitan. Los gallos, a su vez, protestan y no son oídos.

Esa noche, las gallinas se abandonan en los brazos de los lechuzos, en amorosa entrega.

Las gallinas ven a sus galanes todas las noches; quedando los gallos postergados, escarnecidos y olvidados. Los zaheridos gallos se reúnen secretamente. De entre ellos, una delegación va a visitar a Ño Pedro Animal, hombre bien respetado, que siempre impone su voluntad. Los gallos le piden consejo.

Ño Pedro Animal les recomienda que den un baile, y que éste pase sin que se den las horas, para confundir a los lechuzos y que les agarre el alba.

La idea de Ño Pedro Animal es que las gallinas vean a los lechuzos de día, pues la noche es bruja, mentirosa y gran encubridora.

Esa noche, como cada noche, parten los lechuzos hacia el país de las gallinas. Las lechuzas hembras, que ven a sus maridos volar cada noche en busca de aventuras, no se inmutan, ya que es bien conocida la asexualidad de las lechuzas hembras.

En esta ocasión, sin embargo, la Reina Lechuza asiste al baile porque quiere divertirse, bailar y disfrutar. La coartada no le sale bien a los gallos, ya que los lechuzos pueden escapar antes de la madrugada.

A la noche siguiente, los gallos ofrecen otro baile, en casa de Ño Pedro Animal. Esta vez los lechuzos no logran escaparse, y a la luz del día, aparecen ante las gallinas como una horrible visión.

Las gallinas que han sido públicamente burladas, vuelven a poner huevos y a someterse a los gallos. Las lechuzas, machos o hembras, nunca más se muestran de día.

LA ASTUCIA

BOCETO MORFOLÓGICO

8. ¿Por qué? «Susudamba no se muestra de día» (págs. 101-109), en *Por qué.*

En este cuento los protagonistas son los lechuzos y los antagonistas los gallos.

1.A. Un joven Lechuzo descubre que existen otras tierras, y las Lechuzas sienten por primera vez mortificación en su aislamiento, lo que tiene como función motivémica un estado de CARENCIA.

B. En el país de las Gallinas se vive en paz sin conocimiento de la existencia de las Lechuzas, lo que tiene una función motivémica de PLENITUD.

2.A. Los Lechuzos enamoran de noche a las Gallinas encubriendo así toda la fealdad de su especie, y huyen al alba, lo que tiene una función de MANIOBRA DE FECHORIA.

B. Los Gallos se quedan sin Gallinas con la visita de los Lechuzos, siendo así VICTIMAS DE FECHORIA.

3.A. Los Lechuzos tienen el corazón de las Gallinas en su poder, lo cual tiene una función motivémica de PLENITUD PARCIAL.

B. Los Gallos permanecen postergados, escarnecidos y olvidados de las Gallinas, corresponde a la función motivémica de CARENCIA.

4.B. Después de una tentativa malograda, los Gallos logran hacer caer a los Lechuzos en una coartada, corresponde a la función de MANIOBRA DE ASTUCIA.

A. Los Lechuzos son expuestos en su fealdad ante las Gallinas, a la luz del día, siendo así VICTIMAS DE LA ASTUCIA de los Gallos.

5.B. Los Gallos vuelven a dominar a las Gallinas, lo que tiene como función la SUPRESION FINAL DE LA CARENCIA.

A. Las Lechuzas, machos y hembras, nunca más se han mostrado de día, lo cual tiene como función motivémica un estado de CARENCIA FINAL.

SÍNTESIS

del cuento «Por qué... dicen los Gangás: "Los grandes no pagan favores de humildes"» (págs. 144-146), en *Por qué*

El tigre es ya viejo, y no puede trepar a un árbol de mangos para alcanzar sus deliciosos frutos.

Un mono pasa corriendo delante del tigre, y éste le pide «por Dios» que le alcance un mango del árbol. El mono va de prisa; pero, como es sabido, al mono no se le dice nunca por Dios en vano. Por lo tanto, el mono trepa al árbol.

Cuando el mono sacude una rama del árbol, caen al suelo los deseados mangos. Mientras sacude la rama, se pone a saborear un mango.

Como el tigre considera al mono como su subalterno y su inferior, se enfada al verlo comer un mango sin su permiso. Se quita una raya del lomo y se dispone a azotarle.

El tigre amarra al mono, y llevándolo por delante como un preso, le da una buena tunda de golpes. El mono llora. Se encuentran con el buey, que también considera al mono como su inferior, quien se alegra de los golpes que éste recibe por haberse comido un mango.

Mientras caminan, el mono y el tigre, se encuentran con el valiente cazador y su escopeta al hombro. Este, al enterarse de la historia de por qué le pega el tigre al mono, obliga al primero a liberar a su víctima. Y, aunque el tigre le implora, el cazador que lo considera «su inferior», lo mata; dejando escapar al mono porque su ofensa no es del interés del cazador.

EL MEJORAMIENTO

BOCETO MORFOLÓGICO

9. ¿Por qué? «Dicen los Gangás: "Los grandes no pagan favores de humildes"» (págs. 144-146), en *Por qué.*

En este cuento el protagonista es el Tigre y el antagonista es el Mono.

1.A. El Tigre desea un mango, pero es viejo e incapaz de subir al árbol, lo que tiene como función motivémica un estado de CARENCIA.

B. El Mono, es joven y ligero; lo que tiene una función motivémica de PLENITUD.

2.A. El Tigre, como considera al Mono su inferior, no le permite saborear el mango, le ordena bajarse del árbol, lo amarra y lo azota, llevándolo por delante como un preso; lo que tiene una función de MANIOBRA DE FECHORIA.

B. El Mono complace al Tigre en su deseo, cayendo así VICTIMA DE FECHORIA.

3.A. El Tigre se envalentona, delante del complacido Buey y de otros animales, ufano del trato que le da al Mono, su inferior, disfrutando así de una PLENITUD PARCIAL.

B. El Mono sufre los latigazos que recibe, pero aún le duele más el no encontrar a nadie que se compadezca de él, corresponde a la función motivémica de CARENCIA.

4.B. El Cazador interviene en favor del Mono, obligando al Tigre a obedecerle, siendo el mono beneficiario de un PROCESO DE PROTECCION cuyo agente es el Cazador.

A. El Tigre obedece la orden del Cazador, deja al Mono en libertad y le suplica «por Dios» que no lo mate, cayendo así VICTIMA DE UN PROCESO DE DEGRADACION cuyo agente es el Cazador.

5.B. El Mono escapa con vida, lo cual tiene como función la SUPRESION FINAL DE LA CARENCIA.

A. El Tigre es muerto por el Cazador, lo que tiene como función motivémica un estado de CARENCIA FINAL.

SÍNTESIS

del cuento «Por qué... esa raya en el lomo de la Jutía» (cuento intercalado, págs. 153-160; 173-176), en *Por qué*

La Señá Jutía es una mujer seria, sin marido, con una vida muy ordenada. La Jicotea es comadre de la Señá Jutía, y ésta a su vez es amiga de la Ña Gata, la cual tiene tres hermosos hijitos. La Ña Gata es una buena mujer.

Un buen día, la Ña Gata tiene que ir a ayudar a su amiga la Barcina durante la gravedad de su marido. Ña Gata, entonces, le pide a la Señá Jutía que le cuide a sus tres gatitos. A lo cual Jutía accede halagadísima.

Como este acontecimiento varía la rutinaria vida de la Señá Jutía, se lo va a comunicar a su comadre Jicotea. Jicotea, al oír las noticias de su comadre, pone en duda la bondad de los tres gatitos, alegando que los gatos tienen parentesco con el Diablo.

Pensando que los gatitos tienen hambre, Señá Jutía sale a comprar un pescadito para ellos, con los diez reales que Ña Gata ha dejado para la manutención de sus hijos. Los tres gatitos se quedan al cuidado de Jicotea.

Jicotea, al quedarse sola, degüella al primer gatito, le quita la piel con cuidado para utilizarla más tarde, y cuece al pequeñito en una cazuela.

Al regresar Señá Jutía, Jicotea logra convencerla de que la acompañe a almorzar. Comen el gatito, y beben vino, y bailan. Señá Jutía siente, al principio, remordimientos; pero el malestar del primer crimen se le va perdiendo poco a poco, triunfando sobre los escrúpulos la mala influencia de Jicotea.

A lo lejos, la Ña Gata siente la muerte de su hijo, y abandonando al enfermo, viene a ver como andan las cosas por casa de la Señá Jutía. Esta la convence de que todo va bien, y de que regrese tranquila a casa de su amiga. De esta forma, con el buen sabor del gatito aún en la boca, se comen los dos gatitos restantes, que de lo buenos saben a conejo. Acompañan su alimento con vino barato, que llega a emborracharlas, después de veinte y cinco botellas.

Aquella noche no vuelve la Gata, pero a lo lejos sigue sintiendo el peligro en que están sus hijitos.

Una vieja agorera previene a la Gata del peligro, ésta regresa al vuelo por sus hijitos, encontrando sólo sus tres cabezas, cubiertas de gusanos, sobre el armario.

Todos bailan, cantan, beben. Ña Gata ve todo esto con espanto, especialmente cuando descubre a la Señá Jutía borracha perdida, bailando indecorosamente.

Jicotea, que toca el tambor, ve a la Gata y corre a esconderse.

La Ña Gata, furiosa y maullando desgarradoramente, se abalanza sobre la desprevenida Jutía, y con su garra infernal le desgarra el lomo a lo largo.

La Jutía logra escapar con vida, pero guardará para siempre en el lomo el recuerdo del zarpazo de la Gata.

LA VENGANZA

BOCETO MORFOLÓGICO

10. ¿Por qué? «Esa raya en el lomo de la Jutía» (cuento intercalado, págs. 153-160; 173-176) en *Por qué.*

En este cuento el protagonista es la Señá Jutía y la antagonista es la Ña Gata.

1.A. La Señá Jutía está arrepentida de haber aceptado cuidar los hijitos de la Ña Gata porque no está acostumbrada a tener pequeños en la casa y porque le han impresionado y disgustado las palabras malignas del más negro de los gatitos, lo que tiene como función motivémica un estado de CARENCIA.

B. La Señá Gata tiene tres hermosos hijitos, lo que tiene una función motivémica de Plenitud.

2.A. La Señá Jutía es comadre de Jicotea, y consciente del sagrado nexo que las une se mantiene solidaria ante el crimen de Jicotea (auxiliar), quien degüella y cuece los tres gatitos, comiéndoselos entre las dos, acompañados de un vino malo, lo cual tiene una función de MANIOBRA DE FECHORIA.

B. Los tres hijitos de la Ña Gata son degollados, cocidos y comidos, mientras su mamá se encuentra lejos, siendo todos así VICTIMAS DE FECHORIA.

3.A. Ña Jutía y su amiga disfrutan del banquete, de su borrachera y del baile, lo que tiene una función motivémica de PLENITUD PARCIAL.

B. Ña Gata toma consciencia de las muertes de sus hijitos, en la lejanía, pero carece de pruebas, pertenece a la función motivémica de CARENCIA.

4.B. Ña Gata, prevenida por una agorera, regresa y ataca furiosa con su garra infernal a Ña Jutía, corresponde a la función de MANIOBRA DE VENGANZA.

A. A Ña Jutía se le desgarra el lomo a lo largo, de un zarpazo de la enloquecida Gata, siendo así VICTIMA DE LA VENGANZA de Ña Gata.

5.B. Ña Gata ha vengado la muerte de sus hijitos, lo cual tiene como función la SUPRESION FINAL DE LA CARENCIA.

A. Ña Jutía guardará para siempre sobre su lomo una raya, como recuerdo del zarpazo de la Gata, lo que tiene como función motivémica un estado de CARENCIA FINAL.

SÍNTESIS

del cuento «Por qué... el carapacho a heridas de Jicotea» (págs. 186-193), en *Por qué.*

La reina Akeré, una garza hermosa, se parte una pata y Jicotea la cura con su ungüento mágico, salvando así la laguna de tener una reina coja. Desde entonces la reina Akeré no puede vivir sin las visitas de Jicotea.

Las garzas van siempre de fiesta al peñón de Efufúnla, el Ventarrón, y éste tan dañino para otros seres, es siempre tranquilo y blando para con las garzas. Esta vez, el día de la fiesta se avecina y la reina Akeré, temiendo por su pata quebradiza, no quiere remontar hasta el peñón sin llevar consigo a Jicotea.

La reina se siente contrariada de ver que Jicotea no tiene plumas y por lo tanto no puede acompañarla. Una vieja garza, criada de Akeré, le susurra al oído una solución.

Akeré llama a Olo-Kúgbo, su Primer General y con él trama un plan. De cada ave de la laguna se toma una pluma para disfrazar a Jicotea. Las grullas traen las plumas, y Kuékueyé el Pato-Serrano, petimetre de la laguna, confecciona la indumentaria. Las garzas visten de plumas a Jicotea, para que éste pueda acompañar a la Reina.

Jicotea queda transformado en un plumífero precioso y extrañamente redondo; convirtiéndose bajo su plumaje en Ave-Nunca-Vista, el ave más lujosa y sorprendente que visitará el peñón del Viento.

La reina remonta a las alturas con su compañero Jicotea, quien causa con su presencia admiración, y un malestar lleno de inquietud y de recelos.

Las aves no reconocen sus propias plumas, y mucho menos a Jicotea, engalanado de su portentoso disfraz. El Ave Lagunera siente éxtasis, el Sarapico envidia, la Cuchareta se siente prendida de su propia pluma azul turquesa, olvidando que era suya, La Garza, se pasma ante su olvidada pluma blanca, al Coco le duele no poseer una sola pluma que pueda competir con las del Ave-Nunca-Vista.

El mismo viento, Efufúnla, observa a Jicotea azorado. Con todo lo que le pasa, Jicotea se siente triunfal, y dedica un amoroso pensamiento a su madre. Jicotea sabe que es la única criatura de la tierra que ha sido elevada al cielo; y desea que sus enemigos puedan verlo en su gloria actual.

Efufúnla dedica la fiesta diciendo: «Es para todos»; pero los perplejos animales comprenden que el Ave-Nunca-Vista se llama «Paratodos», y que la fiesta es en su honor, como los manjares y las danzas que en ella se ofrecen. Nadie baila ni come; sólo «Paratodos» lo hace.

Al comer su pico impostor se transforma en otra cosa que un pico, y luego cae al suelo. Los pájaros machos, ya enardecidos, al ver el pico caer, se tiran sobre Jicotea para arrebatarle las plumas a ese pájaro que no lo es. Efufúnla, el Viento, al ver a Jicotea desplumado, pregunta: «¿Qué bicho es éste?», y lo lanza peñas abajo. Precipitándose peñas abajo, Jicotea cree que vuela.

El Viento, enfadado, también barre a las aves de la cumbre. Las aves logran salir ilesas, pero Jicotea despierta días más tarde con su caparacho y vientre rotos en pedazos; para colmos ha perdido su ungüento mágico.

La Muerte viene todos los días a buscar a Jicotea, pero éste sigue, aunque averiado, vivo, terco y resistente.

Jicotea humildemente le pide a la Muerte, cada día, un día más de vida. La Muerte se lo concede. De tanto venir la Muerte, un día no vuelve más.

Jicotea se restablece, pero conserva como recuerdo de su descenso los surcos y bregaduras imborrables de su duro carapacho y de su blanda panza.

BOCETO MORFOLÓGICO

11. ¿Por qué? «El carapacho a heridas de Jicotea» (págs. 186-193), en *Por qué.*

En este cuento las protagonistas son las aves y el antagonista es Jicotea.

1.A. Todas las aves de la laguna, obedeciendo el bando de la reina Akeré, deben arrancarse una pluma y entregarla para contribuir a emplumar a Jicotea, lo que tiene como función motivémica un estado de CARENCIA.

B. Jicotea transformado en un precioso plumífero es transportado a las alturas como invitado de la reina Akeré, quien no desea separarse de él, lo que tiene una función motimévica de PLENITUD.

2.A. Las aves invitadas a la fiesta envidian y sienten malestar ante el ave tan rara que acompaña a su reina, por lo que se tiran sobre Jicotea arrebatándole las plumas, obligando al Viento (auxiliar) a que precipite a Jicotea peñas abajo, lo cual tiene una función de MANIOBRA DE FECHORIA.

B. Jicotea descubierto en su disfraz es precipitado peñas abajo siendo así VICTIMA DE FECHORIA, por la envidia de las aves.

3.A. Los envidiosos han logrado dañar a Jicotea, lo cual tiene una función motivémica de PLENITUD PARCIAL.

B. A Jicotea se le rompe el carapacho, y el vientre, en muchos pedazos, y ha perdido su ungüento mágico, corresponde a la función motivémica de CARENCIA.

4.B. Después del ataque de las aves y su consecuente caída desde las alturas, Jicotea, medio muerto, se enfrenta con la Muerte (destinador), y cada día, tercamente, Jicotea le pide un día más de vida, lo que corresponde a la función de MANIOBRA DE ASTUCIA.

A. Jicotea, con el plazo de vida que le arranca cada día a la Muerte, se repone totalmente, siendo así las aves y la Muerte, VICTIMAS DE LA ASTUCIA de Jicotea.

5.B. Jicotea no muere, lo que tiene como función la SUPRESION FINAL DE LA CARENCIA.

A. Las aves no han logrado deshacerse de Jicotea, ni enviándole la Muerte, lo cual tiene como función motivémica un estado de CARENCIA FINAL.

SÍNTESIS

del cuento «Por qué... las nariguetas de los negros están hechas de fayanca» (págs. 194-198), en *Por qué*

Lukankansa, el diablo alfarero, hace narices con arcilla bruja. El las ha ideado y puesto en boga con el fin de llenar el vacío liso que existe de oreja a oreja, y de ojos a boca. Las narices hacen furor entre los humanos. Lukankansa no da abasto modelándolas y plantándolas en los rostros de quienes pueden pagárselas. Desde luego los hombres y mujeres blancos pagan muy buen precio por las narices, porque los blancos han sido ricos desde un principio.

Los negros, sin embargo, son muy pobres; no tienen fusiles sino arcos; y no pueden pagarse el lujo de comprarse narices. Los negros sólo pueden contentarse con mirar, sin desear, las narices, los fusiles, la pólvora, la blancura, las cuentas claras de los ojos de los blancos; privilegios innatos de los afortunados descendientes de Manú-Puto. Dos Jimaguas (mellizos) son los primeros negros que adquieren narices. Han nacido y han crecido con el deliberado propósito de pedirle a Lukankansa que les coloque una nariz en la cara.

Llega el día en que los hermanos van a pedir narices a Lukankansa, quien se entrega a su trabajo, mientras una fila de compradores espera su turno.

Lukankansa ama su trabajo. Mientras fija magistralmente la nariz en la cara del cliente le anuncia que la transmitirá a sus descendientes; pero siempre recomienda cuidar de ella, con una conducta de moderación y templanza. En este punto cobra sus altos honorarios. Y así, recibe cliente tras cliente.

Ese día, los mellizos se abren paso a la fuerza entre los clientes. Y, no se mueven, aún tras inútil forcejeo de la parte de Lukankansa, hasta que se les prometa una nariz. Los mellizos le dicen: «Queremos narices de balde». Lukankansa rehúsa diciendo que esto es una osadía. Sin embargo, tanto molestan los mellizos y tanto tiempo pierde el alfarero, que por fin concede ponérselas, pero les advierte que tienen que esperar. El diablo sienta a los mellizos, pensando que allí se pudrirán de tanto aguardar: y empieza de nuevo a recibir a sus clientes.

Los mellizos, inquebrantables, comienzan a cantar: «Don Fáino, Fáino; ¡Chi! ¡Chi!» soplando fuego por los ojos y llenando el taller de chispas; haciendo huir a todos los clientes temerosos de quemarse vivos. Esa tarde Lukankansa no puede hacer una sola venta.

A la mañana siguiente, la fila de compradores es tan larga como siempre. Lukankansa va a comenzar su labor cotidiana, pero los Jimaguas (mellizos) le prometen cantar si no les pone sus narices. Lukankansa, temeroso, les concede el favor. Hace dos narices a la carrera, en dos pellas, con dos agujeros cada una, y de un golpe se las planta en la cara diciendo: «Ya está.»

Los mellizos se lo agradecen y parten ufanos, con sus toscas narices, por todas las naciones de hombres de piel oscura; explicando a todos que los hombres de piel oscura al no poder pagar, tendrán que contentarse con una nariz burda, pero... se podrán sonar, estornudar, y oler, sin lugar a dudas.

Aconsejados por los mellizos, los negros van de dos en dos a pedirle a Lukankansa narices de balde. Y el diablo alfarero tiene que ponérselas, si no, las parejas cantan distraídas: «Don Fáino, Fáino, Fái...» y el fuego comienza a salir de sus ojos. El diablo que no quiere perder a su clientela buena, los complace incrustándoles de un golpe una narigueta burda, que al fin de cuentas es una nariz.

EL MEJORAMIENTO

BOCETO MORFOLÓGICO

12. ¿Por qué? «Las nariguetas de los negros están hechas de fayanca» (págs. 194-198), en *Por qué.*

En este cuento los protagonistas son los mellizos, y el antagonista es Lukankansa, el diablo alfarero.

1.A. Los negros no pueden pagarse las narices que fabrica Lukankansa, lo que tiene como función motivémica un estado de CARENCIA.

B. Lukankansa, el diablo alfarero, inventa las narices y las vende a muy buen precio, lo que tiene una función motivémica de PLENITUD.

2.A. Los mellizos molestan a Lukankansa hasta hacer huir su clientela poniendo fuego a su taller, gracias a un canto mágico, lo cual tiene una función de MANIOBRA DE FECHORIA.

B. Lukankansa se ve forzado a abandonar a sus clientes hasta prometer a los mellizos negros que les dará narices, cayendo así VICTIMA DE FECHORIA.

3.A. Los mellizos se sienten felices de haber obtenido que los negros puedan lucir una nariz entre las orejas, lo que tiene una función motivémica de PLENITUD PARCIAL.

B. A Lukankansa no le queda otro remedio que ponerles las narices a los mellizos, corresponde a la función motivémica de CARENCIA.

4.B. La fisionomía humana mejora mucho con una nariz (p. 194), invento de Lukankansa, así también lo es para los mellizos a quienes Lukankansa —quien desea acabar con el trabajo gratuito para retornar a su negocio lucrativo— les hace dos narices a la carrera, en dos pellas, con dos agujeros cada una, de un golpe las implanta en la cara de cada uno, pero «de todos modos... no deja de ser una nariz» (p. 197), corresponde a la función de MANIOBRA DE MEJORAMIENTO.

A. Los mellizos tienen que contentarse con sus burdas y toscas narices, producto del trabajo rápido y gratuito del alfarero, porque Lukankansa no tiene tiempo ni dinero que perder haciendo narices hermosas para los negros, siendo así VICTIMAS DE UNA DEGRADACION cuyo agente es Lukankansa.

5.B. Lukankansa puede ahora continuar haciendo sus caras y hermosas narices para los blancos, lo que tiene como función la SUPRESION FINAL DE LA CARENCIA.

A. Los negros siempre lucirán narigüetas burdas, porque no pueden pagarse una bonita, lo cual tiene como función motivémica un estado de CARENCIA FINAL.

SÍNTESIS

del cuento «Por qué... el mono perdió el fruto de su trabajo» (págs. 214-219), en *Por qué*

Juan Gangá, el marido de Viviana Angola, quiere abrir un campo para sembrar arroz. El es perezoso y nunca acaba lo que empieza. Esta vez, sin embargo, está dispuesto a cultivar su arroz, y así lo hace... pero alguien «invisible» parece ayudarle.

El perezoso de Juan, abate un árbol o dos, y se va a casa. Un mono termina el corte mientras él no está.

Juan quema un poco de leña. Un mono termina de hacerlo, mientras él no está.

Juan guataquea un poco la tierra. Un mono termina de hacerlo, mientras él no está.

Por fin, cuando el grano sale, Juan Gangá quiere enseñar su obra a Viviana Angola.

Pero, antes de hacerlo, un mono se le presenta y quiere saber cuando irá a recoger el arroz.

Juan le dice que irá al día siguiente, y el mono replica que él también irá pues él mismo le ha ayudado a sembrarlo. De esta forma, lo disfrutarán los dos. Juan encuentra justo lo que se le propone.

El mono también propone que Juan venga al campo con sus trabajadores, y él vendrá con cien monos. Cada cual comenzará por un extremo del campo, hasta llegar al centro. El que más recoja, lo habrá hecho con justicia. Juan también encuentra justa la segunda proposición del mono.

Sin embargo, Juan no se atreve a contarle a Viviana lo sucedido, porque le duele el orgullo. Por otra parte, si se lo dice, Viviana, que es muy inteligente, arreglará el problema con los monos. Además de inteligente, Viviana es buena, alegre, de gran corazón, y aunque le riñe a veces, siempre sabe perdonar.

Cuando Viviana lo ve tan triste, le obliga a contárselo todo. Ella se propone arreglar el asunto, y hasta se ríe de la aventura de su marido.

Viviana sale en busca de cincuenta hombres de trabajo, y los encuentra. También compra un manojo de cascabeles.

Al día siguiente, Viviana, Juan y los hombres se reúnen con los monos en el campo y la cosecha comienza. Viviana se coloca en el centro del sembrado, entre ambos bandos.

El mono da la señal de recoger y todos se lanzan a trabajar. Pero, los monos van más de prisa que los hombres, ya que son más rápidos que éstos. Los hombres se sienten perdidos.

Entonces, Viviana comienza a mover su cuerpo, y a cantar. De su cuerpo sale un hermosísimo sonido, que atrae a los curiosos monos. Aún más, Viviana se levanta la falda hasta la cintura, alborotando a los monos; y sus caderas suenan al mecerse. Los monos miran, miran, y... no trabajan. Mientras, los hombres trabajan sin descanso.

Los monos pierden más y más la cabeza, viendo las partes escondidas de Viviana Angola, y oyéndolas sonar. Sueltan las gavillas de trabajo, y se absorben en delirio, embobados por el cuerpo de la mujer.

Los hombres pueden recoger todo el arroz, y los monos pierden su cosecha.

BOCETO MORFOLÓGICO

13. ¿Por qué? «El mono perdió el fruto de su trabajo» (págs. 214-219), en *Por qué.*

En este cuento el protagonista es el mono, y el antagonista es Juan Gangá.

1.A. Un Mono no tiene su propio campo para sembrar arroz, lo que tiene como función motivémica un estado de CARENCIA.

B. Juan Gangá, el perezoso, decide cultivar su campo de arroz, lo hace, y se dispone a recoger el fruto de su trabajo, lo que tiene una función motivémica de PLENITUD.

2.A. El mono diariamente trabaja abatiendo los árboles, cortando la leña, y guataqueando la tierra que la pereza de Juan Gangá deja a su paso, haciéndose así socio de Juan, lo que tiene una función de MANIOBRA DE ASTUCIA.

B. Juan debe aceptar el tener que dividir el arroz que será recogido con el mono, cayendo así VICTIMA DE ASTUCIA.

3.A. El mono cree que disfrutará de su arroz, y que lo recogerá con sus cien amigos monos, más rápidamente que Juan Gangá y sus hombres, lo cual tiene una función motivémica de PLENITUD PARCIAL.

B. Juan Gangá, contra su voluntad, encuentra justo el reparto con el mono, y la forma en que se recogerá el arroz, lo que corresponde a la función motivémica de CARENCIA.

4.B. Gracias a Viviana Angola (auxiliar), la inteligente y sensual mujer de Juan Gangá, quien con cascabeles en las caderas y la falda levantada hasta la cintura alborota a los monos, se logra desvirtuar a los monos del trabajo, lo que corresponde a la función de MANIOBRA DE ASTUCIA.

A. Los monos pierden la cabeza, miran y remiran... y no trabajan, sueltan las gavillas de trabajo, y se absorben en delirio, embobados por el cuerpo de la mujer, siendo así VICTIMAS DE LA ASTUCIA de la mujer de Juan Gangá.

5.B. Los hombres recogen todo el arroz, lo que tiene como función la SUPRESION FINAL DE LA CARENCIA.

A. Los monos pierden su cosecha, lo que tiene como función motivémica un estado de CARENCIA FINAL.

CAPÍTULO III

LOS ALOMOTIVOS

¿Qué reacción tenemos cuando oímos diferentes versiones de una historia que ya conocemos?

Si nosotros sabemos que a la abuela de Caperucita Roja se la come el lobo feroz, y escuchamos decir que fue un cocodrilo, o un león, interiormente nos damos cuenta de que en realidad es la misma historia, el que varia es el que se come a la abuela. En realidad, no es importante que sea un lobo, un cocodrilo o un león el que se come a la abuela, lo importante es la acción que permanece siendo la misma: un ———— se come a la abuela de Caperucita Roja.

Estructuralmente esa acción es, como hemos visto con anterioridad, una función inicial o motivema. Las diferentes variantes de esa función son los alomotivos de la misma. Recordemos que Propp descubrió treinta y una funciones, y que según el escenario en que se lleven a cabo habrá nuevas alternativas. Por ejemplo, si en un relato un hijo seduce a su madre, esta seducción tendrá consecuencias diferentes según la sociedad en que la acción se pase. En ciertas culturas el intento de seducción se castiga cortándole la pierna al héroe, en otra castrándolo, en otras sacándole los ojos.

En otras palabras, aunque los personajes cambien, aunque los medios o elementos utilizados varíen, la función inicial o motivema es siempre la misma. Si en un relato se nos dice que «el héroe es llevado a otro reino (por un animal o cosa)», no es importante que el que lo lleve sea un águila, o un caballo, o un barco, o un hombre; estos motivos son variantes, alternativas, de la función inicial o motivema, por lo que son alomotivos de la misma.

Teniendo esto en claro podemos pasar a la presentación que hemos dado a nuestros alomotivos.

Lo más importante es recordar siempre nuestro modelo nuclear:

A. *Perspectiva del Protagonista*		B. *Perspectiva del Antagonista*
1. Carencia	vs.	1. Plenitud
↓		↓
2. Maniobra de Fechoría	vs.	2. Víctima de Fechoría
↓		↓
3. Plenitud parcial	vs.	3. Carencia
↓ Astucia		↓ Astucia
4. Víctima de: Venganza	vs.	4. Maniobra de. Venganza
↓ Mejoramiento		↓ Mejor.
5. Carencia no suprimida	vs.	5. Supresión final de la Carencia

En cada boceto morfológico de nuestro estudio todas las funciones 1.A. de todos los cuentos son funciones de Carencia que contrastan con todas las funciones 1.B. de todos los cuentos que son funciones de Plenitud, y así todas las 2.A. serán Maniobras de Fechorías y todas las 2.B. Víctimas de Fechoría, etc., etc.

Por ejemplo las siguientes funciones son alomotivos de la función 1.A. (Carencia) de nuestro modelo nuclear:

En «Taita Jicotea y Taita Tigre»: (1.A.) Todos desean el instrumento de Jicotea...

En «Arere Marekén»: (1.A.) El Rey sufre las mentiras de su mujer...

En «Jicotea era un buen hijo»: (1.A.) Todas las criaturas hambrientas, comen a sus propias madres...

De esta misma forma este paralelo se aplica a cada motivema, en cada cuento, que corresponde al mismo número (1.A., 2.A., 3.B., etc.) en la matriz. Es decir, el estado de Carencia es el mismo para el Buey, el Caballo, la Urraca y otros, en «Taita Jicotea y Taita Tigre», es el mismo para el rey en «Arere Marekén», y el de todas las creaturas de la tierra en «Jicotea era un buen hijo».

El tipo de trabajo que hemos hecho en los capítulos I y II nos ha llevado a presentar en este capítulo un análisis antropomórfico de las diferentes funciones.

Sin embargo, la dramatis persona que nos llama más la atención es Jicotea. Todo el capítulo I de nuestra tesis está dedicado a su astucia, la cual siempre se revelará sin igual en muchas de las funciones 4.B. en los bocetos de los cuentos analizados, en los que Jicotea sea el antagonista. Como sabemos, el capítulo I se basa en los relatos de *Cuentos negros* y *Ayapá*.

Jicotea, en el capítulo I, aparece doce veces como antagonista, y cuatro veces como protagonista. Los doce protagonistas de los relatos donde Jicotea es el antagonista son animales o personas, pero nunca son los mismos, no se repiten, a la excepción del elefante que aparece como protagonista en dos cuentos: «La venganza de Jicotea», y «El Juicio de Jicotea», en los que siempre se muestra ante todo monumental, un poco estúpido, y goloso.

Por su parte Jicotea posee atributos malos y buenos. Como antagonista-bueno se encuentra en once cuentos, y como protagonista-bueno en dos relatos. En los cuentos donde su lado maligno no sale a relucir, las características principales de Jicotea son la astucia, la magia, y el ser amigo de burlas y tretas sin llegar a caer en la maldad; a veces nos hace reír, otras nos impacienta, pero siempre se le celebra su astucia sin par, la que lo salva de situaciones increíbles una y otra vez.

Por desgracia, Jicotea tiene un lado maligno, demoníaco, que destruye por momentos todos los recuerdos buenos que se tiene de él. Su maldad se expresa, como antagonista, en «El ladrón del boniatal», en otra ocasión como protagonista en «El árbol de Güira que nadie sembró», y una tercera vez como protagonista en «La venganza de Jicotea». Sus atributos malos son estremecedores; en «La venganza de Jicotea» es amoral, perverso, mentiroso, y sobre todo su astucia es malvada. En «El ladrón del boniatal» su maldad raya en lo inhumano, aquí Jicotea es criminal, malvado, amoral, falto de caridad para con su prójimo. Finalmente, en «El árbol de Güira que nadie sembró» es ante todo cruel, física y mentalmente, sin razón ni motivo, sólo por celos.

En nuestro análisis de los alomotivos del capítulo II nos encontramos con cuentos que pertenecen al libro *Por qué*, y que son relatos que presentan una madurez de la que carecen en su mayoría los presentados en el capítulo I. Podemos precisar que Jicotea no es «la vedette» a cada paso, y las otras dramatis personae son personajes bastante completos, con atributos que no sólo nos hacen disfrutarlos por lo que son, sino por lo que simbolizan.

Otra variante es que el capítulo II no trata solamente del tema de la astucia, sino que también trata sobre los temas de la venganza y el mejoramiento. Cada cuento analizado tiene un protagonista y un antagonista, los cuales son siempre diferentes, en cada uno de los cuentos. Sólo Jicotea es dos veces protagonista: la primera vez en solitario, en «Por qué... el carapacho a heridas de Jicotea», en el que Jicotea nos divierte con su astucia, con sus trastadas, y hasta lo sentimos cuando el viento lo echa a rodar peñas abajo y se le rompe —de nuevo— el carapacho; y es protagonista en conjunto —con majá y lagartija— en «Por qué... Jicotea lleva su casa a cuestas, el majá se arrastra, la lagartija se pega a la pared», donde sus instintos malos y criminales hacen aparición una vez más.

En el cuento «Por qué... esa raya en el lomo de la Jutía» Jicotea es una auxiliar importantísima, promotora de los crímenes perpetrados con Ña Jutía; astuta y aprovechadora de la que cree tener su amistad.

Como veremos a continuación, todos los personajes, y sus diferentes roles, han sido expuestos en detalle en las páginas que siguen. Las funciones que aparecen una y otra vez, como se puede constatar, son las de protagonista, antagonista, auxiliar, objeto, y en alguna instancia el destinador.

Por último queremos mencionar que no hemos olvidado en nuestro análisis la unión que existe entre el personaje, su función y su símbolo, ya que toda actividad terrena, todo atributo en un ente, también está ligado al símbolo, que como dice Mircea Eliade es la unificación de un nivel con otro, porque bajo la fachada de las leyendas y mitos se esconden los principios morales y religiosos, y las leyes que gobiernan la vida del Universo.

Si comenzamos con el análisis de los alomotivos en *Cuentos negros*, el primer cuento con que nos encontramos es «Taita Jicotea y Taita Tigre». El protagonista es el rey, un rey poderoso a quien sobrenombran «cacique», o «animal grande que tiene en sus muelas la autoridad». Este rey Tigre, al empeñarse en querer apoderarse del instrumento de Jicotea, se obsesiona a tal punto que cae en el ridículo, lo que un rey debe evitar a toda costa. Y, así, regresa a su casa, magullado física y psicológicamente. Es de esperarse que el Tigre jure venganza si desea ejercer su poder y quiere limpiar la afrenta que se le ha hecho. Pero, el pobre rey no sabe cuán difícil es complotar y tener éxito cuando el antagonista es el astuto de Jicotea.

Simbólicamente el tigre es ambivalente, ya que puede ser símbolo solar o lunar, creador o destructor; sabemos que en China se le asocia con la oscuridad y la luna nueva, y que en las culturas africanas y occidentales aparece en dos estados diferentes: a veces como fiera salvaje, y otras como fiera domada; pero, en ambos casos representa alegóricamente la fuerza y el valor militar puestos al servicio del derecho, tanto en la guerra como en la paz. Sin embargo, cuando el tigre aparece junto a otros animales modifica su significado según la relación jerárquica que exista entre ellos.

Jicotea, por su parte, tiene varias cualidades en este relato ya que es músico, es astuto, y ante todo sabe proteger lo que es suyo hasta el punto de no tener límites en los medios que utiliza para impedir que se lo roben. En fin, chapapote caliente y patadas deben ser medios infalibles para alejar a los que nos molestan. Es, sin embargo, la astucia la cualidad sobresaliente de este personaje, y es gracias a ella que Jicotea puede al final encontrarse entre los vivos.

Como auxiliar está el Conejo, amigo y compinche del Tigre, quien miente a Jicotea para que éste caiga en la emboscada que se le ha preparado. Es de notar que el conejo es, como el tigre, un animal lunar, desde el punto de vista simbólico; por eso se dice que el conejo y la liebre viven en la luna y están asociados con la Diosa lunar y la Madre Tierra. Por su parte, el conejo puede simbolizar fecundidad, lujuria, renacimiento, rejuvenecimiento, resurrección, intuición, luz en las tinieblas. Se le asocia frecuentemente con el fuego ritual del sacrificio y con la reencarnación. Entre otros tantos simbolismos que se le atribuyen al conejo, en el plan universal se le ve como símbolo femenino, de la fertilidad, del ciclo menstrual, la promesa de amor, sin olvidar su relación con la sabiduría y la velocidad.

Es importante el mencionar las tan conocidas patas de conejo, que son en realidad un amuleto contra la hechicería; pero, por completo, el conejo es en sí, el compañero y sirviente de las brujas. Ejemplo de esto último en la obra *Aura* de Carlos Fuentes es la coneja Saga, inseparable compañera de la viuda Llorente, hechicera creadora de su propio doble: Aura.

Volviendo una vez más a nuestro cuento, por último nos encontramos a los tigrecitos, hijos del rey, quienes son auxiliares también, ayudando sin querer a que Jicotea se libere del baúl en donde se encuentra encerrado y reviva en el agua, su elemento vital.

En el cuento que sigue, «Arere Marekén» (*Cuentos negros*) también tenemos como protagonista a un rey, esta vez humano, viejo y celoso. Este rey anciano del relato, tanto como el rey Lear de Shakespeare y otros tantos reyes ancianos del folklore, simbolizan la memoria del mundo, el inconsciente colectivo; sin embargo, el símbolo más general y abstracto del rey es el hombre arquetipo, poseedor de poderes sobrenaturales y mágicos, principio reinante y suprema consciencia, ejemplo del juicio y del autodominio.

No se nos dice que la mujer del rey es reina, pero sí sabemos que es más joven que él, y que la cuida con un celo extremo. Todos estos pormenores impiden la perfecta unión atribuída simbólicamente al rey y a la reina, permitiendo la posibilidad del adulterio. Sabemos que el rey y la reina unidos representan la unión del cielo y la tierra, del sol y la luna, del oro y la plata, o sea la perfecta hierogamia. También Jung, por su parte, presenta al rey y a la reina como la unión armoniosa de la consciencia y el inconsciente.

La hermosa Arere es el objeto del cuento. Ella es como la Eva (la relación impulsión) y la Elena (la relación afectiva) de la psicología junguiana; y como ellas, representa los aspectos inferiores, lo instintivo y lo sentimental.

También se nos dice que el rey tiene una piedra mágica, su auxiliar, porque con ella puede oír la voz de Arere en la distancia. Otros auxiliares son los guardias del rey, quienes llevan a cabo la emboscada y muerte de Jicotea. La piedra mágica del rey nos recuerda las piedras que aparecen en el folklore tradicional, investidas de poderes para ayudar a quienes la poseen, también nos recuerda el espejo simbólico que refleja un personaje distante, sus acciones y su voz —como el de la bruja de Blancanieves— reproductor de imágenes, conteniéndolas y absorbiéndolas; la piedra también reproduce la voz del personaje en cuestión, conteniéndola y absorbiéndola al mismo tiempo. Por otra parte, los guardianes, en el simbolismo general, siempre son protectores o defensores de una posesión, por lo general mítica o espiritual, contra poderes contrarios o indignos transgresores.

A diferencia de los cuentos anteriores, los protagonistas en «Osaín de Un Pie» (*Cuentos negros*) son varios; aún así cada uno de los protagonistas tiene características individuales que lo acercan un poco más del lector, aunque el relato no le permita alcanzar una mayor profundidad dramática: la negra está recién casada, cansada, perezosa, con antojos de dama blanca; su marido es complaciente, hace el caldo, pero sólo va a recoger los ñames en segunda instancia, mandando a la mujer primero; el rey tiene control sobre su ejército, el cual está formado de hombres valientes, que tratarán de recoger los ñames; al rey se le llama buen gobernante, reflexivo, y terco; Osaín de Tres Pies es un Santo de Yerbas, un Santo Adivino. Osaín de Dos Pies es Yerbero y Adivino también, pero es más viejo que el primero, y por lo tanto más sabio. Osaín de Un Pie es por igual Yerbero y Adivino.

Los tres adivinos y sus mismos atributos claramente representan la trinidad empleada en el folklore tradicional, de la que hablamos en detalle en páginas posteriores dedicadas al cuento «Irú Ayé».

Por otra parte, ya que estamos en esta vena, el símbolo del hechicero o adivino está ligado al del gigante, y al del brujo, o sea es la personificación junguiana del padre terrible de nuestra infancia, o del mito de Saturno padre devorador. El hechicero, como el gigante, puede aparecer en el folklore como protector de un pueblo, pero también puede ser maléfico, puede ser defensor o enemigo, ya que simbólicamente representa las fuerzas de la naturaleza, el poder primordial, lo elemental, la obscuridad, la noche y el invierno.

Ante tanta gente, a quién tenemos como antagonista sino a Jicotea que como siempre hace su aparición llena de astucia, mintiendo, sin maldad esta vez, sólo para proteger su albergue. Una característica importante de Jicotea en este relato es su naturaleza mágica, por lo que puede resucitar al final, aun cuando ha sido despedazada.

Si nos detenemos ante el tema de despedazamiento, o desmembramiento, que aparece en relación con el poder mágico de Jicotea de reunir sus miembros dispersos, vemos un símbolo que data desde la antigüedad. El más conocido es el mito de Osiris despedazado por Set, quien dispersó sus partes, las que Isis buscó y reunió de nuevo. Por supuesto, es común en las mitologías que los gigantes sean destrozados y luego sus pedazos se reúnan mágicamente; lo mismo sucede con la espada de Sigmundo, que hecha pedazos sólo Sigfrido puede recomponerla. Aún más, en la mitología de la India todo desmembramiento revela el proceso de la formación de la unidad primigenia que emanó de la multiplicidad, o sea la reintegración de todo en la unidad. Si mencionamos el cristianismo, por ejemplo, su meta ha sido convertir al hombre en un ser unitario espiritualmente.

Por lo tanto, el simbolismo básico del desmembramiento es el de la iniciación a través de la muerte y el renacimiento, haciendo necesaria la muerte del individuo antes de su reintegración. Podemos agregar que el despedazamiento está ligado también a la idea de sacrificio. Sabemos que muchos dioses, como Osiris o Dionisio, fueron descuartizados, sus pedazos dispersos, y luego reintegrados a su forma inicial; así, este proceso representa la multiplicidad del universo en su creación y por consiguiente su retorno final a la unidad primera.

Con todo lo antes dicho no podemos dejar de mencionar que en la mitología yoruba el desmembramiento y reintegración de un Orisha (santo, deidad) también significa el retorno a la unidad primordial; por eso Jicotea que —entre su sin fin de características— es también Orisha, sufre desmembramientos en algunos relatos y siempre sus pedazos vuelven a reunirse.

En «Vida o muerte» (*Ayapá*) tenemos al Perro como protagonista y a Jicotea como su antagonista. El Perro se obstina ante la idea de la muerte cometiendo un acto de rebeldía, porque no quiere morir. Lo que el can desea, nada más, es la inmortalidad, y se llena de vanidad al saberse ligero y veloz. Pensándolo bien, su principal error es el confiar demasiado en sí mismo.

El simbolismo más conocido del perro es el de la fidelidad, de la nobleza, como guardián y guía del rebaño; otro símbolo importante que se le atribuye es el de acompañante —como lo es también el buitre— del muerto en su viaje, además de estar asociado a los símbolos de la maternidad y de la resurrección. Conste que hay simbolismos en relación con el perro, según las diferentes culturas, pero no entraremos aquí en éstos en detalle.

Las características de Jicotea, en oposición a las del Perro son la lentitud y el peso; pero su astucia siempre hace acto de presencia, esta vez como elemento positivo del personaje. Por otra parte, sus características negativas la expondrán a ser víctima posible de las intenciones del Perro, pero su singular astucia la hará triunfar, y llegar primera a la meta señalada.

Nada menos que Dios, Sambia, es el objeto en este cuento, ya que la meta que se han propuesto el Perro y Jicotea es la de «llegar hasta Sambia», siendo éste uno de los tantos nombres de Dios en Angola, con sus atributos de Hacedor de todo, Influenciador de todo y Creador de la vida y de la muerte. Queremos mencionar otra de las cualidades del Dios, la cual se refleja en este cuento, y es la de mantenerse apartado de su Creación; sin embargo, aunque permanece ausente, todo el Universo le obedece.

Por fin, en «La venganza de Jicotea» (*Ayapá*) tenemos al mismísimo Jicotea como protagonista del relato. Como tal, sus atributos son diferentes de cuando tiene el papel de antagonista. Sabemos que Jicotea siempre será astuto, pero en este caso su astucia es malvada, sin razón; en este relato él es amoral porque hace el mal para sólo satisfacer un deseo o capricho, rayando en la perversidad. Sus mentiras son parte de su juego de hacer el mal para aliviar una carencia innata, ya que el Elefante no es culpable de su pequeñez.

Como antagonista el Elefante está dotado de atributos que molestan a Jicotea, y es obvio que el Elefante es el obstáculo a la felicidad de Jicotea. El es grande, «inmenso, imponente como una montaña, inaccesible» a la pequeñez de Jicotea, pero cae en la trampa de éste por ser goloso.

El elefante simboliza fuerza, fidelidad, memoria, paciencia, sabiduría, y no podemos negar que atributos como estos lo hacen digno rival de los celos del perverso Jicotea. Por otra parte, el que Jicotea ciegue al Elefante es un acto simbólico relacionado con el simbolismo del Ojo Divino o Místico como facultad omnisciente, luz, poder, conocimiento, infalibilidad. Al quedar ciego el Elefante, su ceguera física le abre las puertas a la visión intuitiva, facultad que está ligada con el poder del Ojo Divino.

Un insignificante gusano de tierra es el auxiliar en el cuento; pero nuestro gusano no tiene ninguna relación con su simbolismo tradicional de muerte, disolución y energía reptante y anudada. Sin embargo, es de notar que por contraste con el Elefante el gusano tiene la misma característica de Jicotea: ser pequeño; en revancha, esto le sirve de virtud y no de falta, devolviendo, con su generoso gesto, un bien por un mal.

Es interesante ver como, aunadas en el dolor, todas las criaturas del mundo son protagonistas en «Jicotea era un buen hijo» (*Ayapá*). Tampoco nos sorprende el saber que Jicotea es el antagonista, dotado en este cuento de muchas de sus cualidades africanas, como la de vivir sin alimento, gracias a su «inexplicable reserva de inmortalidad». Además, como hijo, Jicotea es, en este cuento un modelo de amor filial, y de devoción a su madre, cuando la esconde para que no se la coman los otros, y le da su propia ración de comida —otras madres— para que ella resista en su escondite. El amor filial de Jicotea está en oposición a su completo desinterés por lo que les sucede a las madres de las otras criaturas, ya que él, sin ningún remordimiento, lleva su ración a su madre, sin importarle que para los otros sus madres son tan preciadas como para él lo es la suya. Jicotea también aparece en el cuento como protegido del dios del Trueno, de esta forma, además de ser un personaje con poderes sobrenaturales, está vinculado con lo sobrenatural de una forma más directa, a través de su relación con Changó.

La madre de Jicotea es objeto en el relato. La anciana vive bajo la amenaza de ser comida por los otros, sin embargo termina sus días muriendo despedazada. Este tipo de muerte —por descuartizamiento— carece de valor ante los poderes de Jicotea. Ciertas creencias africanas hacen hincapié en el poder de Jicotea de ser capaz de reunir sus miembros despedazados; es por eso que en varios de los cuentos presenciamos los intentos frustrados de los que tratan de hacer pedazos a Jicotea, desmembrándolo y resquebrajándole el carapacho y el vientre, sin éxito alguno.

Por su parte el Diablo, pájaro de la miseria, es auxiliar de los otros seres de la tierra que quieren encontrar el escondite de la madre de Jicotea.

Finalmente tenemos a Changó como destinador en el cuento: él es árbitro influenciador en el castigo que reciben los victimarios de la madre de su protegido. En las creencias africanas este santo es el dios del Trueno y de la Guerra, y el segundo gran Orisha (santo); es de notar que existen dos versiones sobre su origen: en la primera aparece como hijo de Obatalá, creador del género humano; en la segunda es hijo de Yemayá y de Aggayú, poderosas divinidades africanas. Siendo el producto del pecado de Yemayá, ésta lo abandona y Obatalá lo recoge, convirtiéndose en su madre adoptiva. Por otra parte, Olofí, creador del mundo, le da al nacer el don de la clarividencia. Sabemos que Changó tiene dos mujeres. Obbá y Oyá, que son también sus hermanas carnales; Obbá es su mujer principal, pero el dios la abandona porque ella es muy posesiva y él muy mujeriego. Mujeriego a tal punto que comete adulterio con su tía Oshún, la diosa del amor, la cual se ha enamorado de él, y para colmos casi comete adulterio con su propia madre. En realidad, sus problemas con el sexo femenino son causados por su hermosura. En cuanto al carácter del dios del trueno y de la guerra, diremos que es arrogante, pendenciero, colérico y explosivo.

En el hermoso relato «Ncharriri» (*Ayapá*) nos encontramos en el papel de protagonista a un monstruo increíble llamado Ncharriri, y se le describe dotado de cuernos admirables, uñas de tigre, dientes de marfil, una nariz larga pintada de amarillo, grandes orejas redondas ornadas de caracoles, una cola flexible y airosa que termina la copa de un arbolito lleno de flores extrañas y cocuyos fulgurantes, con pies en vez de patas, ojos de cuentas rojas, cuatro manos inmensas, y... un corazón. No es preciso decir que nuestro monstruo es un digno ejemplar entre las bestias fabulosas del folklore mundial.

El antagonista es Jicotea, que una vez más, en el rol de animal mágico, posee ciertos poderes que utiliza en el cuento para vencer a Ncharriri. Por ejemplo, tiene el don de la palabra para encantar los ojos; Jicotea también transforma un hilo de agua en un cerco de llamas, y se transfigura, ante los ojos encantados del monstruo, en una bellísima doncella. Por otra parte, al eliminar el peligro de Ncharriri, Jicotea hace una buena acción, ya que salvando a las doncellas del pueblo su actuación cobra calidad humana.

Ncharriri, como cualquier otra bestia fabulosa, posee una combinación de diferentes características físicas que sugieren otras posibilidades de la creación, y la liberación de los principios convencionales que rigen los fenómenos del universo. Tengamos en cuenta que los monstruos compuestos de variados atributos son símbolos del caos primordial, o de los poderes aterradores de la naturaleza, y que ante todo los monstruos aterradores representan el mal, o las fuerzas caóticas del mundo o de la naturaleza humana.

Es interesante recordar que algunas bestias fabulosas del folklore tienen como adversario a un dios, o a un héroe, como es el caso de Marduk, el Creador, que vence a Tiamat símbolo del caos primordial; o Teseo que vence al Minotauro; sin ir más lejos, recordemos que muchos caballeros matan dragones. Hazañas de este tipo siempre representan el triunfo del orden sobre el caos, del bien sobre el mal, de la luz sobre las tinieblas.

Así pues, en el relato que analizamos Jicotea puede ser comparado con uno de estos héroes, al salvar a las doncellas de las garras de Ncharriri. Y, qué hermoso héroe es Jicotea; en su personaje hay la magia que todo héroe debe poseer, y hay el espíritu de la contienda —en este caso mental y sobrenatural— que se lleva a cabo entre él y el monstruo que amenaza a las doncellas del pueblo. Jicotea es el héroe de las doncellas, y del pueblo, triunfando sobre el caos y los poderes aterradores de la naturaleza simbolizados en el personaje de Ncharriri.

En el próximo cuento, «Irú Ayé» (*Ayapá*) los reyes tienen el papel de protagonistas. Se nos dice que el rey Latikua-Achikuá es cazador y la reina Omoloyú es hija del rey, y estéril.

Desde el principio reconocemos a los reyes como una unión simbólica que no es perfecta porque la reina es estéril. Pero esta unión llega al desastre cuando la reina esconde a sus hijas-semillas, se vuelve loca, y muere en la hoguera. La reina debería representar el principio femenino, la Gran Madre, la Reina del Cielo, el espíritu; pero, en este caso, es todo lo contrario, porque la reina no puede dar a luz, y las hijas que cría y esconde no le pertenecen; su locura es su castigo; el que sea acuchillada es símbolo de sacrificio, y el que sea quemada es su purificación, ya que el fuego es, simbólicamente, agente de transformación.

En el caso del rey aparecen la enfermedad y por consecuencia la vejez prematura. El «rey enfermo» simboliza el castigo que sigue a la culpa, y la esterilidad espiritual. Todo esto va ligado estrechamente a las acciones de la reina Omoloyú, y tal como dice el refrán que «tanta culpa tiene el que mata la vaca como el que le aguanta la pata», sabemos que aunque el rey se libra de su enfermedad y de su vejez prematura, al final pierde la razón para siempre. Es pertinente mencionar que el «rey loco» representa todo lo contrario del rey como principio reinante, suprema conciencia, virtud del juicio y del autodominio.

El antagonista es Jicotea, quien es a su vez brujo y propietario de tres bellísimas esclavas. El brujo Ayá es un personaje paciente y perseverante, que recorre el mundo sin descanso hasta recobrar lo que le han robado, sus esclavas convertidas en semillas, las cuales son el objeto en el cuento.

Las tres esclavas no son completamente humanas, como bien sabemos, siendo a veces semillas —símbolo de la potencialidad, o representación del Centro del cual nace el Arbol Cósmico—, a veces árbol —el axismundi—, a veces doncellas. Aún más, no parecen tener vida propia, porque son idénticas en todo, física y mentalmente, y siempre están juntas, en una trinidad inseparable. Ellas muestran atributos que las ligan a simbolismos tanto europeos como africanos al aparecer como una unidad en la diversidad. Sabemos que en el folklore en general hay siempre tres deseos, tres pruebas, tres princesas o príncipes, tres brujas, etc., porque el número tres es equivalente de la síntesis, de la plenitud. Tengamos también en cuenta que en la mayoría de las tradiciones existe al menos una trinidad; a veces, como en el cristianismo hay varias trinidades, por ejemplo la del Padre, Hijo y Espíritu Santo; las tres virtudes teologales de Fé, Esperanza y Caridad; los tres reyes magos, entre otras. En las creencias africanas la trinidad está representada por Olodumare el Creador, por Obatalá su hijo y ejecutor de sus designios en la tierra, y por los Orishas, santos intermediarios entre los hombres y el Ser Supremo.

En la página 59 de *Ayapá* se nos dice que las tres semillas se han convertido en tres muchachas núbiles, bellas, e idénticas, con una ramita en flor que brota y da olor en medio de sus cabezas, con una luna minúscula en cada seno, con una serpiente alrededor de la cintura, con una misma voz, una misma risa, y un mismo extraño silencio. Esta breve descripción nos recuerda ante todo la trinidad cósmica donde el principio de unidad se divide en tres inseparables puntos. También estas jóvenes —que también son tres semillas, convertidas en un árbol, que las hizo sus frutos— en sus cuerpos conmemoran y simbolizan su procedencia, porque sus cuerpos son símbolos del tradicional principio unitario del árbol y la serpiente, como unión del principio femenino (serpiente) con el masculino (árbol).

El árbol y la serpiente tienen simbolismos variados; por ejemplo en el cristianismo el árbol y la serpiente prefiguran míticamente a Adán y a Eva. En otras tradiciones, por el contrario, se les ve como símbolos de la unión de poderes contrarios. Sin embargo, en Africa, la serpiente es considerada como vehículo de la inmortalidad, encarnación de los muertos, y el árbol como axismundi, tal como en algunas de las tradiciones.

En el relato hay varios auxiliares, pero el más importante es el pájaro Burubú, el cual posee el don de resucitar, y tiene además poderes mágicos que le permiten conceder a la reina su deseo; con esto último nos percatamos que Burubú es capaz de anular la magia del brujo Jicotea, con la suya propia.

Otros auxiliares son los centinelas invisibles que custodian el pozo de Latikua-Achikuá, noche y día. Ellos velan por que nadie se acerque. Sin embargo, los guardianes permiten que Ayá arranque tres hojas del árbol que irriga el agua del pozo y que descienda a esperar a sus esclavas al fondo obscuro, el que generalmente simboliza la salvación y la sublimación, aún entre los pueblos primitivos.

Cuando llegamos a «El vuelo de Jicotea» (*Ayapá*) ya no nos sorprende nada de lo que haga esta tortuguita de agua dulce. Jicotea es el antagonista de este relato, que tiene por protagonista al aura Mayimbe, fea y maloliente, pero servicial.

Es importante mencionar que el aura tiñosa es un ave sagrada en las creencias africanas, ya que es la mensajera de los hombres ante Olofí el Creador, como lo es la paloma del arca de Noé en la mitología cristiana. Mayimbe es el nombre congo que recibe el aura tiñosa; los lucumíes o yorubas la llaman Kanákaná. En el cuento nos damos cuenta de la cualidad que hace del aura un ave sagrada en las creencias africanas: su habilidad de volar a gran altura, pausadamente, con majestad. Sin embargo, no podemos olvidar que un aura tiñosa es voraz y repugnante a la vista, se alimenta de animales muertos y tiene la cabeza pelada y roja, y un maloliente plumaje negro, defectos que no afectan, gracias a Dios, su renombre de ave sagrada.

Jicotea, como en otras ocasiones es audaz, irreverente, aprovechador, y por sobre todo astuto y amigo de burlas; Jicotea, que no es ave, no puede volar, por lo que engatuza a Mayimbe, con falsos halagos, para que lo lleve con ella a las alturas, en donde la llena de improperios, que ésta no se merece, sólo porque el empecinado de Jicotea no desea regresar a tierra.

Más tarde su amoralidad lo lleva a desquitarse de Mayimbe, jugándole una treta a quien ante todo ha sido gentil y servicial con él, haciéndole perder el plumaje de su cabeza y cuello, y casi con ello la vida.

El mulo Masango, como auxiliar, va a ayudar a Jicotea a jugarle la treta a Mayimbe, haciéndose el muerto, y apretando la cabeza de ésta dentro de sí hasta casi asfixiarla. Sus atributos en el cuento son el tener el sentido de la justicia (por lo que Jicotea tiene que mentirle para hacerlo su compadre de aventura), y su hermosura corporal; su gran falta es la de ser terco. Es de notar que al mulo muchas veces se le concede las características simbólicas del asno, aunque bien sabemos que no están emparentados. Ambos simbolizan la terquedad, la humildad, la paciencia, la paz, la estupidez, la obstinación, y la fertilidad.

Las compañeras auras de Mayimbe son auxiliares también, ya que se encuentran presentes, listas para ayudar a comerse el mulo, y son testigos de la siempre brillante operación de Mayimbe, de sacar las tripas del muerto en un santiamén.

Es, sin duda alguna, en «El ladrón del boniatal» (*Ayapá*) donde resalta más la maldad de Jicotea, quien es el antagonista del relato, frente al dueño del boniatal, que en sus veces de protagonista no sabe ya que hacer para atrapar al ladrón de sus boniatos.

En este cuento somos testigos de la maldad de Jicotea en su sumum, de su falta de moral y de caridad para con su prójimo, de sus mentiras, y de su sangre fría ante la ejecución de un inocente. El es el ladrón de los boniatos, pero con tal de salvar su pellejo Jicotea utiliza su astucia y sus mentiras, su falsa amistad, para encontrar un chivo expiatorio que sea inmolado en su lugar. Y, como si no tuviera sangre en sus venas, presencia la muerte de un inocente que muere con los ojos llenos de lágrimas.

El auxiliar en el cuento es un hermoso y servicial venado que libera a Jicotea de su pegajosa prisión. El inocente venado cae en la trampa de Jicotea dándole una patada al espantajo y quedando a su vez en las mismas circunstancias en que había encontrado a Jicotea; suplica y no se le escucha; mientras, él ve venir su muerte, y la recibe sin una queja, sólo sus lágrimas denotan el pesar de su buena acción frustrada.

El sentido simbólico del venado, o ciervo, está estrechamente ligado con el árbol de la vida, ya que sus cuernos crecen como las ramas en los árboles. El ciervo también simboliza la renovación y el crecimiento cíclicos, otra vez a causa de sus cuernos. Es importante hacer mención de que el ciervo, tanto como el águila y el león, es enemigo secular de la serpiente —y no olvidemos que Jicotea pertenece a la familia de los reptiles quelonios— lo que nos indica el carácter favorable del simbolismo del ciervo. Por ejemplo, el ciervo se relaciona con el cielo y con la luz, mientras los reptiles se asocian con la noche y la vida subterránea. El ciervo tiene prestigio también por sus atributos físicos: belleza, gracia y agilidad, todas cualidades dignas de la envidia de Jicotea.

En el cuento «La rama en el muro» (*Ayapá*) tenemos a dos hechiceros que al parecer son peritos en lo que concierne a la brujería. Uno de ellos, el mentiroso y ladrón de José Asunción es el protagonista; el otro brujo, Jicotea, aparece como antagonista. A Jicotea en esta ocasión le ha tocado que le hagan mal, pero, siempre astuto, y excelente hechicero en este relato, llega a obtener lo que se propone, o sea hacerse propietario de la cuartería en donde reside.

¿Y qué hace Jicotea para apoderarse de la propiedad? Pues, nada más ni nada menos que pinta una rama seca en un muro. La rama reverdece y ante el asombro de todos amenaza con derrumbar la casa de huéspedes. Sin embargo, cuando Jicotea toma posesión de su nueva propiedad, la rama desaparece.

El simbolismo general del brujo se relaciona con el mito de Cronos, o sea el del padre primordial que devora sus hijos; sin embargo, en este relato se le pone más énfasis al encantamiento que a los encantadores, por esa razón hablamos de la rama.

La rama, en su significado simbólico, cuando ha reverdecido o ha florecido, tiene el mismo significado que la guirnalda, representando el universo encadenado, el cordón unificador, los elementos de conexión. También la rama está relacionada con el símbolo del árbol, ya que muchas veces el Arbol de la Vida aparece representado por una sola rama, simbolizando siempre la fertilidad. Sin embargo, es preciso recordar que en ocultismo y en hechicería la rama puede simbolizar el mal, como símbolo estático de la serpiente.

Es muy hermoso el relato llamado «Jicotea y el árbol de Güira que nadie sembró» (*Ayapá*); en él aprendemos la lección de paciencia, humildad y perseverancia que ofrece la protagonista ante los embates físicos y mentales de su agresora.

La planta de Güira crece martirizada, y alcanza una altura majestuosa, digna de la envidia de la siempre pequeña Jicotea. Interiormente, la voluntad de la Güira la ha hecho crecer por encima de todas las güiras de su comarca. Aún más, su fortaleza es cada día mayor, y en uno de sus frutos crece su pesada venganza.

Jicotea es la antagonista, esta vez llena de atributos negativos; al principio su crueldad hacia la Güira emana de un sentimiento de superioridad —del cual no disfruta a menudo Jicotea— al sentirse más grande que aquella plantita venida de ningún lado. En su maldad, la humilla de palabra y de obra.

Sin embargo, cuando la Güira alcanza proporciones majestuosas, el sentimiento de superioridad de Jicotea se torna en uno de inferioridad, que es el que más se le hace insoportable. Pero, para ahora, sólo le queda a Jicotea el injuriar a la Güira de boca para afuera, ya que en dos palabras, se siente inferior, está celosa, sobrecogida por la majestuosidad del árbol.

Ahora bien, simbólicamente, una planta es la imagen de la vida; al crecer cualquier planta toma el carácter del desarrollo del cosmos. La posición erecta de toda planta la aproxima indudablemente al hombre, ya que los animales guardan una posición a ras de tierra. Además, no olvidemos que el ciclo anual de las plantas está en conexión con el misterio de la muerte y de la resurrección.

Es por eso que la altanera Güira adulta aparece galana ante el pobre cuadrúpedo arrastrado que es Jicotea. La Güira crece y desafía todo martirio con su estoicismo y su paciencia. Por consiguiente, Jicotea es castigada, como en otras oportunidades, con el despedazamiento de su carapacho, que como bien sabemos es simbólico de todo proceso degenerante y destructor, sobre todo porque la mutilación corporal es siempre equivalente de la mutilación espiritual.

Al llegar a «Jicotea una noche fresca» (*Ayapá*) nos encontramos delante de toda la fauna cubana. Los protagonistas son muchos en este cuento, como ya sabemos, y el antagonista es nuestro amigo Jicotea, quien esta vez sólo desea divertirse, sin maldad alguna.

Jicotea conserva como siempre la virtud de la astucia, pero por lo demás se le presenta en el cuento como perezoso y con el solo deseo de bailar y divertirse. Los otros animales aparecen con las características propias de su especie, y nada más.

Sin embargo, los animales, en general, desempeñan un papel muy importante en el simbolismo, por su relación con el hombre. Los animales ante todo representan la jerarquía de los sentidos y, por el contrario del hombre, son constantes en sus cualidades negativas y positivas, por lo tanto no varían o esconden sus virtudes o defectos, como sucede en el caso del hombre. Los animales también están en relación con los cuatro elementos del universo. Es importante mencionar que en las tribus primitivas se les valoriza como sus antepasados humanos.

En relación con este cuento debemos notar, en el nivel antropomórfico, la variedad de especies que protagonizan el relato, y su relación de obediencia para con el rey y la reina, que son seres humanos. Sin embargo, la astucia de Jicotea le sirve para ganarse la simpatía de la reina, y así poder salirse de apuros una vez más; lo que nos permite deducir que Jicotea, entre todos los animales del relato, posee el don de captar la atención de los humanos, haciendo desaparecer la relación de superior a inferior que generalmente existe entre hombres y animales.

Al leer «En el río enamorado» (*Ayapá*) nos encontramos con un Jicotea enamorado, que como antagonista va a pasar las mismas pruebas que los protagonistas del relato, los pretendientes de las hijas de Fedindé Bomba.

Los pretendientes vienen de todas partes, atraídos por la fama de Fedindé Bomba y la belleza de sus tres hijas; unos recurren a la adivinación, otros a la brujería, muchos hablan a duendes y espíritus. Los pretendientes son hombres y animales, aún el hijo del rey; algunos son ilustres, otros pobres, pero todos tienen algo en común, el desear casarse con las jóvenes.

Jicotea, aunque feo, pequeño y arrastrado, tiene el valor que nace del deseo para ir a pasar la prueba que impone el gran guerrero; y vence, por su astucia. Su magia lo hace aparecer ante las jóvenes como «un joven gallardo de nobles facciones, ágil y esbelto», todo lo contrario de lo que Jicotea es en realidad. Sabemos que él vive en el río, y que su elemento es el agua; su relación con el río es íntima, porque ambos se conocen y ambos aman a las tres doncellas. Jicotea tiene cualidades buenas en este cuento, y en todo momento sus acciones son respaldadas por el sentimiento que le domina, el amor. No podemos olvidar tampoco que él es un ser mágico, y que su magia gobierna las aguas.

El objeto en el cuento son las tres hijas de Fedindé, hermosas, reservadas, distantes, sin nombres conocidos, envidiadas de las mujeres y codiciadas por los hombres. En este cuento como en «Irú Ayé» hay tres doncellas, otra vez relacionadas con la trilogía en el folklore tradicional, que simbolizan la unidad en la diversidad, la síntesis, la plenitud.

Fedindé Bomba es ante todo un padre amante, que quiere a sus tres hijas para sí. El es árbitro influenciador del destino de sus hijas, lo cual lo hace destinador en el relato. Fedindé es también un famoso guerrero, venerado en toda la tierra, y propietario incontestado de la flecha Yilo.

El río y la flecha Yilo, los auxiliares, son sumamente interesantes. El río está personalizado, siente como un humano, y por eso se enamora de las hijas de Fedindé Bomba; se le describe con brazos obscuros, que rozan la imagen de las tres muchachas.

El río castiga la envidia de las otras mujeres perdiéndoles algún lienzo del lavado, en sus aguas. El intima con las jóvenes y siempre corre tierno y transparente cuando ellas se bañan en él, las acaricia y cuida. También, como aliado de Jicotea, desaparece a la mañana siguiente del atentado contra éste.

Cuando Jicotea es aceptado de todos, da orden al río de volver a correr por la tierra; y es en su caudal que desaparecen para siempre Jicotea, sus tres mujeres y Fedindé Bomba.

Por último tenemos a la flecha Yilo, objeto mágico propiedad de Fedindé Bomba. Con su flecha Fedindé atraviesa la calabaza en donde se esconden las aguas de la tierra; y ésta, después de cumplir su misión, se pierde en el cielo y no regresa jamás a la tierra.

El cuento del que hablaremos ahora, «El juicio de Jicotea» (*Ayapá*), es verdaderamente ameno, la astucia de nuestro amigo Jicotea nos hace reír, y una vez más olvidamos cuando sus acciones son indignas y malévolas.

El astuto y mentiroso Jicotea es el protagonista del relato porque le ha jugado una treta al siempre grande Elefante; y otros animales que no encuentran divertidas ninguna de sus actividades se aúnan para castigar la última hazaña del inventivo Jicotea; de esta forma el Elefante y los otros animales se convierten en sus antagonistas.

Jicotea está en prisión y el silencio es su arma. Sabemos que él es el ladrón porque se ha comido toda la comida del Elefante. Sin embargo, su robo tan ingenioso nos hace sentir simpatía por él, ya que no le ha hecho mal a nadie. En toda honestidad su mala acción más bien nos hace sonreír y apreciar su argucia. Aún más, es un alivio el que no lo lleven al mar caudaloso, sino a una laguna verde y tranquila donde Jicotea seguirá viviendo su vida feliz.

El Elefante, comerciante en grande que siempre come bien, y los otros animales, de una forma u otra, o por una razón u otra, le quieren hacer pagar a Jicotea esta mala treta, y tretas pasadas que no han olvidado. Los antagonistas están representados en el cuento con defectos más bien que virtudes. El Elefante es rico, grande, goloso, aunque sí se le llama sabio (*Ayapá*, página 252). Los otros, principalmente son sus amigotes, o adulones de su riqueza, o compinches por interés. El que nos hace sonreír más es el Licenciado Loro, que lo sabe todo, que le teme al agua, y que «raciocina hablando». Pero, en realidad, es justo decir que todos estos animales no le llegan al tobillo a Jicotea, en este relato.

Por su parte, el cuento de «La herencia de Jicotea» (*Ayapá*) se presenta como una verdadera joyita de la literatura afrocubana. Este relato respira el espíritu africano por cada uno de sus poros, ya que en él se encuentran la veneración de la astucia, como virtud, y varios de los simbolismos que están en relación con la muerte y la inmortalidad de Jicotea.

No es el marido Jicotea, sino su viuda Mamá Ayé la protagonista en este cuento. Mamá Ayé está vieja pero aún le queda su astucia. En el relato Mamá Ayé siempre habla español con el acento lucumí (yoruba). También vemos por primera vez, en el último cuento del volumen *Ayapá,* que una Jicotea muere; la inmortalidad de que se encuentra investido este animal en la tradición africana, se pone en duda con la muerte del marido de Mamá Ayé... ni ella misma puede creerlo, al principio.

Sin embargo, no podemos descartar el hecho tan fácilmente sin analizar el simbolismo tradicional, tanto europeo como africano, de Jicotea (tortuga). La tortuga tradicionalmente simboliza la longevidad, la astucia, la lentitud, la lujuria, la fecundidad, la regeneración, el comienzo de la creación, el tiempo, y en ciertas instancias la inmortalidad. Como símbolo cósmico se relaciona con la inmortalidad, pero como símbolo de la realidad existencial se relaciona con la longevidad. Por eso el marido de Mamá Ayé puede morir, él es sólo una representación terrena del símbolo, que nunca muere: no puede morir la Tortuga Negra de la cultura china, símbolo del caos primordial; no puede morir la tortuga taoísta, símbolo del Cosmos, con su carapacho redondo representando el Cielo, su interior gelatinoso representando la Tierra o el Hombre, y su bajo vientre son las aguas. Los símbolos no mueren, sólo sus representaciones. La Jicotea simbólica de las creencias africanas es un genio o duende que maneja las fuerzas secretas de la naturaleza; su nombre lucumí (yoruba) es Ayapá. En su forma existencial tiene como cualidades principales: el poder de resurrección —por lo que se le cree inmortal—, una astucia inconmensurable, y el honor de ser vehículo y alimento ritual del dios del trueno, Changó; también los africanos dicen que puede hablar con los hombres como lo hacen los espíritus.

Por último si consideramos que la Muerte en el simbolismo tradicional precede al renacimiento espiritual, entonces Jicotea sólo muere para renacer de otra forma; su período terreno termina para comenzar otro de reintegración al cosmos. Esta idea de regeneración continua, asociada también a la filosofía y a las creencias africanas, puede tomarse en consideración ante la muerte de Jicotea.

El antagonista no es un ser sobrenatural, es el bodeguero Gómez, hombre servicial, pero con la doble intención de que todo servicio debe ser recompensado. A Gómez se le describe como buen bodeguero, buen regateador de precios, con la costumbre de alisarse el bigote, siempre con alpargatas cómodas, y un poco metido en donde no lo llaman. Su personaje recuerda el bodeguero español, típico de las bodegas cubanas.

Los próximos cuentos que presentaremos forman parte del volumen *Por qué,* y se caracterizan por una cierta madurez de estilo, lo que no implica que algunos de los vistos anteriormente no la posean a su vez, como en el caso de «En el río enamorado». Otro elemento que sobresale es la variedad de las dramatis personae, las que poseen más peso y menos superficialidad que las de los relatos de *Cuentos negros* y *Ayapá,* y las que ahora comparten el estrellato con Jicotea.

En «Por qué... se cerraron y volvieron a abrirse los caminos de la Isla» tenemos al Diablo Okurri Borokú como protagonista al que se le describe como un «viejo gigantesco, horroroso, de cara cuadrada, partida verticalmente a dos colores, blanco de muerte y rojo violento de sangre fresca. La boca sin reborde, abierta de oreja a oreja; los dientes pelados, agudos del largo de un cuchillo de monte (p. 20)». También sabemos que Okurri Borokú es cruel, caprichoso, con el don de poder ser uno, y mil a la vez; su capricho durante los últimos veinte años es de salirles al paso a los caminantes, ponerles a prueba, sabiendo que no la pasarán, y comérselos después. El cierra todos los caminos, los atajos, trillos y veredas del país, y al comerse a los aventureros ansiosos de reabrir los senderos no deja esperanza alguna para el resto de los habitantes. No obstante, el personaje de Okurri Borokú es producto de la imaginación de la autora, como uno de los muchos espíritus malignos y buenos, que pueblan los bosques.

Taewo y Kainde, los mellizos, son los antagonistas del horrible diablo. Ellos son los hijos de un hombre y una mujer que después de perder veinte valerosos hijos e hijas buscando caminos, tienen a los mellizos en su vejez. De Taewo y Kainde se dice que son idénticos como dos granos de café, que tienen una luz vivísima que les brilla en el pecho, marca divina de Obatalá, el dios creador del género humano, la cual los hace sus protegidos. Cada mellizo lleva al cuello un collar de perlas de azabache. Son hijos milagrosos, que vienen del Cielo. Tomemos en consideración que según la tradición africana, los mellizos son Ibeyes; si recordamos bien, esto significa que son Orishas (santos) de gran poder para los brujos, y que son enviados de Olodumare, y como dice el relato «son una gracia de Olorún. Príncipes, hermanos, o hijos de Lúbbeo, Changó Orishe —el que es Fuerte entre los Fuertes, heredero universal de Olofí, el Creador de vida—; son ellos, los únicos niños que acaricia Yansa, la lívida Señora de los cementerios (p. 18)».

En las creencias africanas, los Ibeyes son deidades, hijos de Oyá (hermana y mujer de Changó, diosa de la centella, el remolino y las tormentas), y de Changó (dios del trueno y de la guerra). Están representados por dos muñecos de madera, específicamente labrados de la misma manera. Es importante recordar que los nombres religiosos de los Ibeyes son Taewo o Aine, y Kainde, de los cuales se cree que tienen el poder de retrasar la muerte de sus protegidos.

Cuando dos niños yorubas nacen mellizos es un gran motivo de alegría, por ser considerados como una gracia del Cielo, con dones sobrehumanos. Estos niños son muy delicados, y los dioses pueden reclamar siempre alguno de ellos, con gran facilidad. Es Taewo, el primero en nacer, al que se le considera el menor. Es muy importante recordar que a los Ibeyes no se les debe castigar, sino que se les debe cuidar más que a los niños que nacen solos.

Los santos Ibeyes no han sido catolizados en Cuba; generalmente los Yorubas conservan sus ídolos africanos, aunque en Cuba se han identificado a través del tiempo con los Santos hermanos San Cosme y Damián.

Los auxiliares en este cuento son los dos collares de perlas de azabache. En las mitologías tradicionales un collar está ligado siempre con el concepto de la unificación de lo diverso, es símbolo de relación y ligazón, cósmico y social, su colocación en el cuello tiene relación astrológica con el sexo, lo que lo hace símbolo erótico. Sin embargo, en las creencias africanas un collar de cuentas tiene un gran valor místico, y no es de olvidar que los Orishas (santos) actúan a través de sus colores. Es necesario notar que el azabache, como piedra preciosa pertenece al dios Eleguá (dios de las puertas, los caminos y las encrucijadas), por lo que se hace comprensible que los mellizos del cuento lleven collares de azabache. Además, un collar de azabache, aparte de ayudar a su portador en los caminos y encrucijadas, es talismán contra el llamado mal de ojo (la envidia), y las malas corrientes de aire.

En el cuento, los collares de azabache de Taewo y Kainde tienen una cruz de asta, la cual en la mitología africana va unida a la protección durante el parto, y está estrechamente ligada a la

Divinidad. Así que, como si esto fuera poco, los collares —como sucede a menudo con los objetos mágicos en el folklore— les hablan a los mellizos, y les dicen que hacer con el brujo para que el país vuelva a la paz.

En el caso de «Por qué... cundió la brujería mala» tenemos a un brujo como protagonista, pero es un brujo congo, al que se le reconoce en Africa como el más dañino de los brujos. En el relato el brujo se llama Indiambo, «brujo congo, congo malo del Congo Real». Como decíamos, la brujería conga es la más fuerte y maligna que existe. También se dice que Indiambo, además de brujo es diablo; o sea, se nos hace ver que sus poderes están relacionados con lo sobrenatural y con lo malo.

Sabemos que Indiambo es feo, y que en su cara sobermeja de diablo hay dos ojos verticales, y que de cada lado de su cabeza salen unos cuernos de chivo. Pero el colmo, es que este diablo es viejo, y se ha enamorado de la mujer (objeto) del leñador Bracundé. Sin embargo, como diablo, Indiambo debe mantenerse en su lugar, porque los diablos les temen a los perros que tienen amo. Más tarde, cuando Indiambo muere, su muerte es merecida, porque aparte de sus malas artes, él viola a la mujer. Lo fatal del asunto es que aún, después de muerto, los poderes de Indiambo son tan fuertes que —al igual que Jicotea— si se dejan sus pedazos enterrados en un mismo lugar, se unen. De esta manera, los pedazos de su cuerpo, aunque sean esparcidos por el mundo, siguen vivos, y sirven de semilla para que la brujería se propague por todas partes.

Bracundé el leñador, esposo de Diansola, es el antagonista del relato. El es tomado prisionero, gracias a la magia del brujo, y ella es raptada por el mismo Indiambo. Pero, gracias a Dios, el perro Bagarabundi y el Hacha de Bracundé van a ser los auxiliares de su amo.

Bagarabundi es fiel a su amo y da protección a todo lo que le pertenece, sin olvidar a Diansola. En la tradición europea el perro simboliza la fidelidad, la nobleza, la vigilancia. Sabemos que en la tradición helénica el perro es el vigilante de las fronteras entre este mundo y el de los muertos; sin embargo, en las tradiciones africanas el perro es considerado como uno de los varios mensajeros entre los hombres y los dioses, a veces se le considera como héroe cultural o antepasado mítico, y otras como el descubridor y aportador del fuego. En el relato, Bagarabundi es el único que oye los gritos de Diansola mezclados con el viento, y al encontrarla en los brazos del brujo, no pierde un minuto en hacer que la sangre del diablo se derrame con sus dentelladas.

El hacha del cuento es un objeto mágico, y como tal, siendo aliado de Bracundé, al llegar al monte cobra vida propia, y rabiosamente hace pedazos al brujo, lo que nos recuerda otra vez el rito yoruba del desmembramiento.

Tradicionalmente, el hacha es símbolo del poder de la luz, también puede simbolizar la muerte enviada por la divinidad. En la mitología africana el hacha está en relación con el poder, con el trueno; y si es un hacha de doble filo simboliza el poder mágico y el trueno sagrado del dios Changó.

En «Por qué... Jicotea lleva su casa a cuestas, el majá se arrastra, la lagartija se pega a la pared» se nos muestra como la envidia de otros nos puede hacer daño, al menos que tengamos como protector a un dios. Quizá sería bueno recordarlo en caso de necesidad.

El protagonista del cuento es Fékue, un joven hermoso, fuerte, y huérfano. Su padre ha sido Yerbero y por lo tanto conocedor del poder de las plantas y de la naturaleza en sí. Fékue ama los árboles, y sólo en el bosque (el monte) se encuentra bien, junto al árbol donde habitan las almas de sus padres. El joven tiene relaciones secretas de amistad con ciertas plantas y árboles del bosque; en éste siempre ofrece tributo a los dioses, hasta el día en que no tiene nada que ofrecer, y entonces riega la tierra con su sangre en ofrenda. La sangre simboliza, en todas las tradiciones el principio de la vida, el alma, la fuerza, la fuerza rejuvenecedora sobre todo; de ahí que existan los sacrificios de sangre, como el de Fékue.

Por otra parte, los tres personajes de Jicotea, Majá, y Lagartija pertenecen a los tres más importantes órdenes de los reptiles: Jicotea es un reptil quelonio, Majá es un reptil ofidio, y Lagartija es un reptil saurio. Sabemos que se asocian simbólicamente en la mayoría de las tradiciones, incluyendo la africana, como animales andróginos, vehículos de la inmortalidad: Jicotea simbolizando la longevidad, la lentitud, la lujuria; Majá la longevidad y la encarnación; Lagartija la longevidad y el silencio. Los tres están relacionados con la luna, la tierra y el agua, con los comienzos del mundo, y la regeneración. Al arrastrarse se relacionan con las bajas pasiones y el mal. En nuestro cuento, los tres reptiles son los antagonistas de Fékue.

En el relato, los antagonistas forman una trinidad maligna, dañina. Lo presentimos porque los tres animales tienen atributos poco favorables desde el comienzo del relato. Pero es la premeditación del crimen lo que los liga plenamente a la maldad. Es interesante notar que aunque los antagonistas son ladrones y asesinos virtuales de un inocente, su castigo emana ante todo por atentar contra un protegido de los dioses.

Los personajes de Osaín, dios Dueño del Monte, y el gallo Ofetilé-Ofé son los auxiliares en el cuento.

Las características físicas de Osaín, el dios protector son las siguientes: El dios es manco, cojo y tuerto; sólo tiene el brazo derecho, una mano mutilada de la que brotan tres dedos, y la pierna izquierda. También es sordo de la oreja izquierda, la cual es muy grande, con un lóbulo que casi le roza el hombro. Su oreja derecha es graciosa, pequeña y bruñida como una concha, con una excelente percepción auditiva. Como si esto fuera poco, Osaín goza de un único ojo bizco, media nariz sana, media boca torcida, y su piel es rugosa como la corteza de un árbol viejo. Tiene el poder de hacerse visible o invisible, a su guisa. Osaín es, pues, el protector de Fékue, y con sus poderes salva a su protegido, castiga a sus asaltantes y los maldice para siempre. Es importante mencionar que en las creencias africanas Osaín no es un dios; el personaje del dios es producto de la imaginación de la autora, como uno de los tantos espíritus que pululan el bosque.

El Gallo Ofetilé-Ofé es auxiliar del mal, ayuda a los tres asaltantes como espía, y con su canto les indica a sus cómplices que Fékue ha salido de su casa, para que los otros le sigan.

En el cuento «Por qué... el chivo hiede» el pobre chivo Aukó se enfrenta como protagonista a la diosa del amor, Ochún Yeyé-Kari.

Se nos dice que el chivo Aukó es compinche del Diablo, sus ojos son amarillos y luscos, su piel negra, y sus intenciones son siempre tenebrosas como su alma vil. Su principal deseo es el apoderarse del poder de seducción de la diosa del Amor, Ochún. Sabemos también que es depravado y presuntuoso, y que ha mancillado a su madre. No es de juego su relación con el Diablo, la cual es estrecha, y el chivo posee muchos de los atributos del demonio, aparte de ser su mayordomo y su compañía. Es conocido que el diablo toma la apariencia del chivo cuando quiere hacerse visible.

El personaje del chivo Aukó parece emanar de la creencia cristiana, ya que en la misma el chivo, o macho cabrío, es la encarnación del demonio. En el cristianismo el chivo también representa a los malditos, a los pecadores, está relacionado con la lujuria, y los excesos, es el emisario del diablo y portador del mal. Sin embargo, en las creencias africanas, por el contrario, no existe una relación entre el diablo y el chivo que se asemeje a la cristiana.

La antagonista, la diosa Ochún-Yeyé-Kari —diosa del amor— es bella, color de azúcar morena, mulata virgen, vanidosa, fiestera, coqueta, más bella que Yemayá (divinidad de los arroyos y las fuentes), y que Oyá (diosa de la centella, del remolino y las tormentas), que huele a flor, a canela, que exhala un perfume embriagador, que enamora a todos los dioses y hombres. Bien podemos decir que esta descripción parece ser la de la Venus romana, o la Afrodita helénica, pero es en realidad la de la diosa del Amor de la mitología africana. Ochún, para los africanos, es la mujer de Changó, y es la diosa del río. Ochún es la dueña de dos metales: el cobre y el oro, y de una piedra preciosa, el coral. Y finalmente, llevada a las creencias afro-cubanas se le identifica como la Virgen de la Caridad del Cobre, patrona de Cuba.

El siguiente relato es muy hermoso, por varias razones, pero quizá lo que más nos toca es esa relación entre algunos humanos y lo sobrenatural, la que parece tan fácil en estos cuentos, y que es probablemente el deseo de muchos.

En este cuento titulado «Por qué... las mujeres se encomiendan al árbol Dagame» los protagonistas son los hombres, todos envidiosos del antagonista, Bondó. Se les describe llenos de celos y rencor, sentimiento que crece hasta convertirse en una antipatía que termina en odio; un odio intenso, enconado, que se cría en sus almas lastimadas, mientras Bondó crece.

Los hombres son los rivales de Bondó, de su gallardía, de su belleza y de su virilidad; pero lo que no pueden perdonarle es ese irresistible poder de atracción, y el don que tiene de hacerse amar y de encantar. Aún le creen protegido de la diosa Ochún, o su encarnación masculina.

De tanto llevar el cántaro a la fuente, el cántaro un día se rompe. De la misma manera, los hombres del pueblo, parientes y amigos, jóvenes y viejos, un día se convierten en los asesinos de Bondó.

Bien sabemos que Bondó es el antagonista. Sin embargo, Bondó no puede morir de ningún hechizo porque es un protegido del bosque. Sólo él, por su propia voluntad, puede terminar sus días, talando en el bosque el árbol que guarda la savia de su vida. El relato no establece ninguna relación sobrenatural entre Bondó y los dioses, pero sus acciones parecen ser guiadas por lo sobrenatural. El reconoce el árbol Dagame como el arcano de su vida, y canta un conjuro mientras lo derriba. La concepción del árbol de la vida en este cuento puede provenir de cualquiera de las tradiciones —incluyendo la africana— que establecen la creencia de las asociaciones entre árboles y dioses, el árbol (y por lo tanto el bosque) como centro del mundo, etc. Es preciso recordar que en las creencias africanas el árbol es la unidad que representa el bosque. El bosque —o «monte» para los afro-cubanos— es la base de la vida humana; todo comienza en él. No exageramos al decir que el africano es hijo del bosque, como lo es Bondó en el cuento; para él, el monte es el equivalente particular de la tierra como Madre Universal y fuente de vida, morada de los dioses y centro de peregrinación y de sacrificios.

Bondó tiene como auxiliar a una mujer fantasma, salida del primer chorro de sangre del árbol Dagame. A esta mujer-espíritu se le describe de aspecto agradable, pero no tiene pies. Ella humecede a los que la rodean, y puede desvanecerse, dejando tras sí un olor a savia, o a rama seca partida. En fin, ella es la encarnación de lo vegetal.

Seguimos nuestro análisis con un relato que nos muestra lo que todos hemos visto en un momento u otro, el desgaste de los recursos naturales por el hombre, ese ser que se cree el único digno representante de Dios en la tierra.

En «Por qué... la tierra le presta al hombre, y éste tarde o temprano, le paga lo que le debe», el protagonista es la Tierra y el antagonista es el Hombre.

Sabemos que la Tierra, Entoto, se comunica indirectamente con Sambia, el Creador, a través del hombre; sin embargo la Tierra tiene comunicación directa con el Hombre. Entoto ha sido violada por la mano del hombre y esto no puede seguir porque él no es su amo. La única solución posible está en hacer un pacto entre ellos, en el cual se establezcan los límites de la libertad de cada uno.

De un lado, en el cuento, la Tierra simboliza la Madre generadora, proveedora, fecunda, sustentadora inextinguible. Notemos que la Tierra es femenina, como el principio chino del Yin, y está relacionada con el tradicional arquetipo de la fecundidad.

El hombre, Yácara, se dice enviado de Sambia. Tal y como sucede en todas las tradiciones, también en el cuento Yácara es, entre todo lo creado, el único ser más cercano a Dios. Por ese motivo, Yácara es quien va a hablar con el Creador. Y esto, no debe extrañarnos, ya que en todas las tradiciones es común presentar al hombre como símbolo en miniatura del Universo, imagen del Universo, conciencia y mensajero del ser del cosmos, principio chino masculino del Yang. El encuentro entre Sambia y Yácara nos trae memorias de Moisés y Jehová en el monte Sinaí. Por lo tanto, cuando Yácara desciende de la loma, pacta con la Tierra que le espera inmóvil.

La visión cristiana de la supeditación del hombre a la tierra no da lugar a dudas en este cuento; porque aunque Entoto dé sus frutos a Yácara, sabemos que al final podrá apoderarse de él —polvo eres y en polvo te convertirás—.

De Sambia podemos decir que es auxiliar en cuanto a su omnipresencia en el relato, pero, tal como dice la tradición africana, el Dios Creador se mantiene aparte de su creación, no queriendo influenciar lo creado, dejando así que el Hombre y la Tierra se arreglen entre ellos, no tomando ningún partido, ni aconsejándoles.

Por otra parte, Sambia es destinador al final, ejerciendo su poder de árbitro, al encontrar justo el arreglo llevado a cabo entre Entoto y Yácara, aprobándolo para que el trato se cierre.

La inocente planta del algodón es la antagonista de un relato que lleva por título «Por qué... el algodón ciega a los pájaros», en el cual, por supuesto, los protagonistas son los pájaros.

La Pajarería está llena de envidia, odio, celos, porque Oú es la capa de Obatalá, sentimientos que llevan a los pájaros a tramar un plan maligno. Entonces, de ahora en adelante, gracias a la calumnia, obtendrán el apoyo de aquellos quienes tienen el poder en sus manos de hacer desaparecer a Oú de la faz de la tierra.

Los pájaros del cuento tienen todos los defectos humanos que engalanan a los envidiosos, y sus reacciones son puramente humanas, ante la ventura de alguien afortunado; en este caso un escogido de los dioses.

Oú, por su parte, es blanco, suave, con la digna tarea de vestir con su vello a Obatalá. Sin embargo, lo que lo salva de los ultrajes y vejaciones que recibe es su fe de creyente. De esta forma, como un buen creyente africano, Oú visita al adivino Orula (o Ifá), y siguiendo sus recomendaciones hace Ebó (sacrificio y ofrenda propiciatoria que se hace para conquistar la protección de un Orisha [santo]). Ifá también le recomienda al inocente Oú el ir ante Obatalá para contarle toda la verdad. Es indudable que todo este folklore mitológico que se encierra en las acciones de Oú a través del cuento, aporta un valor humano, religioso y social al relato, con la descripción de ciertos ritos religiosos yorubas.

Obatalá, de quien depende el desenlace del cuento, es el destinador en el mismo. En el relato, el Dios sigue, como lo es en la tradición yoruba, siempre vestido de blanco, de algodón y es el rey de los Orishas (santos) y de todas las creaturas. Por otra parte, su nombre significa rey, y es hijo primogénito del Creador, Olofí, y de Yemú, la virgen purísima de la mitología yoruba. Por lo tanto, Obatalá es el rey de todo lo blanco, de todo lo puro; también es creador del cuerpo humano, principalmente del cerebro en el hombre, y de los sesos en los animales. Se dice que los albinos son sus hijos legítimos.

Otro aspecto de Obatalá es el ser andrógino, lo que le permite dar vida a los hombres por sí solo, separándose así de la potencia creadora de su padre Olofí. Es interesante ver que el equivalente cristiano de este dios en la isla de Cuba es a veces Jesucristo y otras la Virgen de las Mercedes.

Volviendo al relato, debemos mencionar que entre los auxiliares de la Pajarería se encuentran elementos de la naturaleza que por lo general son positivos. Queremos decir que la luna, el sol, el viento fuerte y el gusano Kokore, actúan sin maldad contra la planta de algodón; ellos tienen la sola idea de proteger a su dueño Obatalá, y es por eso que hacen sufrir todo tipo de torturas al inocente Oú.

El adivino Orula es, por su parte, el auxiliar de Oú porque en la religión yoruba, Orula (o Ifá) es el Gran Orisha dueño de la adivinación, el que todo lo ve, digno consejero de Olofí.

En el relato «Por qué... Susudamba no se muestra de día» tendremos como protagonistas a las lechuzas, machos y hembras, quienes poseen cualidades afines en la mayor parte de las tradiciones, específicamente en el sistema jeroglífico egipcio, simbolizando la noche, el frío, la pasividad, la muerte y lo malo; también es símbolo ambivalente como pájaro de la Noche y la Muerte. Como símbolo de Sabiduría se encuentra el personaje del viejo y sabio lechuzo pensador Obkó-Alase, guardador de las historias y secretos de la tribu. También se habla de otros sabios lechuzos, que prefieren guardar silencio y no comunicar sus conocimientos.

Las lechuzas del cuento son feas, blancas, casi ciegas a la luz del día, que detestan el sol y que aman la noche cuando pueden ver. En el relato se les llama espantosas, repugnantes, fúnebres, siniestras, confabuladas con el diablo y con todo lo malo escondido, heraldos y portadores de desgracias.

Los antagonistas son las gallinas y los gallos, los cuales son la antítesis de las lechuzas y su mundo, de ahí la atracción entre las gallinas y los lechuzos.

Las gallinas, en el simbolismo tradicional representan la procreación, la providencia, el amor materno; en el cristianismo la gallina con sus pollitos es símbolo de Jesucristo y sus seguidores; a las gallinas se les considera como animales tontos, con poca inteligencia animal. Los gallos, por su parte, son tradicionalmente vistos como símbolos solares, aves de la mañana, emblemas de la vigilancia y la actividad. El gallo también es símbolo cristiano de vigilancia, y resurrección, con tendencia a la eternidad y a lo relacionado con el espíritu. Sin embargo, en el cuento, las gallinas y los gallos tienden a seguir más el simbolismo occidental que el africano, ya que en las creencias africanas estas aves son utilizadas en general como vehículos transmisores del hechizo de un brujo, destinado a una persona específica.

Las gallinas del cuento se dejan llevar por sus pasiones y por un error de cálculo creyendo que los lechuzos eran hombres; a los gallos no les queda más remedio que lavar su honor, que bien mancillado está, y la única solución para llevar esto a cabo está en desacreditar a los visitantes nocturnos, para volver así a tomar las riendas en sus vidas hogareñas.

Uno de los auxiliares es Ño Pedro Animal, de quien estamos en duda si es hombre, brujo, animal, o monstruo, ya que se le describe con pelo de soga, canángano y canángano, diente de caimán, colmillo de diablo carabalí, con brazos y puños de hierro, costillas de Quiebra Hacha, y el pecho de piedra dura; es valiente como un tigre y astuto, prudente y desconfiado «como Jicotea» —según dice el relato—, que lleva su casa a cuestas. Por otro lado, también se dice que en el bosque es Ceiba, en los aires Gavilán, en el mar Tiburón, siempre victorioso, siempre imponiendo su voluntad. Aún más, todos los animales le estiman «porque aún siendo animal, posee la palabra y la inteligencia del hombre, y sabiendo todo lo que saben los animales, sabe más que el hombre (p. 109)». Además de que Dios lo tiene en gran estima, no olvidemos que Ño Pedro Animal es el único que puede ayudar a los gallos a restablecer su supremacía en el país de las gallinas.

Afén, el viento de las alturas, es por su parte un auxiliar que no podemos dejar de mencionar, ya que gracias a él aquel primer lechuzo curioso del relato vuela al país de las gallinas, y así se acaba la paz para todo el mundo.

Pero, es a continuación que veremos en acción la injusticia de los poderosos que se aprovechan de los humildes. En el cuento «Por qué... dicen los Gangás: "Los grandes no pagan favores de humildes"» el tigre es el protagonista, y aunque sabemos que es viejo, también sabemos que es tigre, el animal más poderoso de la selva, temido de sus enemigos, obedecido por sus inferiores. Este tigre usa su poder para abusar, lo cual recuerda el simbolismo dionisíaco del mismo: la cólera y la crueldad; también puede ser símbolo del principio superior (poder) cuando se enfrenta con el mono, pero es símbolo del principio inferior (derrota) cuando se enfrenta con el cazador.

Las características del antagonista, el mono, son las de ser insignificante, ligero, joven, respetuoso del tigre, y de Dios. Simbólicamente los monos tienen un sentido general de fuerza inferior, sombra, actividad inconsciente, con una doble faz. Es de notar, por otra parte, que el mono en las creencias africanas es visto como astuto, pero carente de una asociación con lo sobrenatural.

El mono del cuento, por lo visto, no se sale de apuros por sí mismo, y es gracias al cazador que puede salvarse de los ultrajes del tigre. Sin embargo, ante todo, el cazador del relato es superior al tigre, y por lo tanto es destinador en el relato, al tomar las decisiones pertinentes que culminarán con la muerte del tigre.

Nuestro cazador no está relacionado con el simbólico «cazador» y sus diferentes interpretaciones tradicionales, como la de la muerte; más bien este cazador representa al hombre, como ser superior a cualquier animal, por poderoso que este otro sea.

Muchas páginas han pasado sin que hablemos de Jicotea. En el cuento «Por qué... esa raya en el lomo de la Jutía» aparece de nuevo, con su conducta malévola.

Sin embargo, Jicotea no es la protagonista en el relato, sino la Señá Jutía, una señora de pocos recursos, honesta, sin marido ni hijos, la cual es «comadre de papelito» de Jicotea. Esto último tiene un gran significado en Cuba, ya que el compadrazgo se le considera más que una amistad, es como un sacramento sin serlo. Este nexo sagrado lo hace a uno solidario con su compadre en todo momento. Por eso la Señá Jutía se liga con Jicotea, aún en el crimen, porque son comadres.

Hoy en día no existe más el comadrazgo en la isla de Cuba, sin embargo, durante la colonia todas las clases del país aprovechan de esta tradición. Es entre los negros de la isla que esta costumbre toma carácter religioso. Tanto como en Africa, el descendiente del africano en Cuba da una importancia vital a este parentesco espiritual, y es en Navidad donde la tradición se celebra con regalos y festejos religiosos.

De esta manera, sólo comprendiendo el significado del comadrazgo, tanto en el nivel social como en el histórico, es que llegamos a aceptar, aunque de malas ganas, la ceguera de Ña Jutía ante el crimen atroz que comete Jicotea, por tres veces consecutivas, y su participación en el banquete, en el que las dos devoran la carne de los tres inocentes gatitos.

La madre de los tres gatitos, Ña Gata, es la antagonista, y es amiga, pero no comadre, de la Señá Jutía. Se le describe como una buena mujer, buena madre, que adora a sus tres hijitos. Pero, cuando Ña Gata se da cuenta del crimen al ver las tres cabezas llenas de gusanos sobre el armario, cambia por completo, y furiosa, con sus garras infernales afuera, ataca a la que ha dejado velando por su prole.

El comentario de Jicotea en el que menciona el parentesco de los gatos con el diablo nos trae a la memoria que los gatos negros, como el primer gatito sacrificado, están simbólicamente asociados con las tinieblas y la muerte. Por otra parte, en brujería el gato es símbolo de lo malo y de la mala suerte. Sin embargo, relación o no con el diablo, vemos a Ña Gata que venga la sangre de sus hijos como una madre transida de dolor.

Uno de los auxiliares es la vieja agorera, quien previene a Doña Gata de la suerte de sus hijos. El otro auxiliar, importantísimo, es Jicotea.

Jicotea sigue siendo tan astuta y aprovechadora como siempre. En el relato es comadre de la Señá Jutía, pero es más pobre que ésta, y se encuentra falta de recursos, tiene todo hipotecado, y es en casa de la comadre donde mata su hambre diaria, haciéndose la buena comadrita. Por otra parte, su intransigencia para con los gatitos la lleva a degollarlos porque uno de ellos desea que su mamá le corte la cabeza a Jicotea. En fin, si los gatos son el diablo, Jicotea no les tiene miedo, y se los come también.

También, hay un momento en el relato en el que se nos recuerda que Jicotea es bruja. En una ocasión (*Por qué,* p. 158) el narrador describe a Jicotea medio tapada con la piel de uno de los gatitos, tocando el tamborcillo, hecho que nos trae a la mente una ceremonia de la brujería tradicional, cuando las brujas se cubren con la piel de los gatos para investirse de sus poderes.

Por último, cuando Jicotea ve a la Gata, furiosa y descontrolada por la muerte de sus hijos, escapa y se esconde. Ella no ha nacido para asumir este tipo de responsabilidades, y menos para recibir un castigo merecido; aún más, Jicotea ni piensa por un instante en guardar respeto a su sagrado nexo con la Señá Jutía, como comadres que son.

Después de un relato en el que la conducta de Jicotea no es digna de encomio, es agradable pasar a otro cuento intitulado «Por qué... el carapacho a heridas de Jicotea», en el que Jicotea pone su astucia una vez más a prueba; pero la maldad que a veces la caracteriza esta vez brilla por su ausencia.

En el cuento, todas las aves de la laguna son las protagonistas. Nos damos cuenta que las aves, que de por sí son bellas, no dejan de caer en la envidia porque su reina favorece a Jicotea disfrazado, y no se divierten en la fiesta del Viento porque los celos les echan todo a perder. Sin embargo, la ira de las aves machos es indescriptible cuando descubren al impostor.

Por otra parte podemos decir que las aves, todas, son la antítesis de Jicotea, simbólicamente ellas son «altura», porque su elemento es el aire, y por consecuencia representan la espiritualidad, lo cercano al Cielo, lo transcendental. En realidad las aves poseen valores simbólicos en las diferentes tradiciones, pero en este caso las distinguimos de Jicotea porque ellas vuelan, y Jicotea no.

El antagonista es Jicotea, quien posee un ungüento mágico con el que se gana la confianza de la reina Akeré.

A Jicotea, que le fascina volar a las alturas, logra hacerlo esta vez gracias a la necesidad imperiosa que tiene la reina de su presencia. Jicotea no fuerza la situación, pero se deja llevar por su triunfo, piensa en su madre, y es interesante lo que grita: «¡Oh, madre arrastrada, si vieses a tu hijo!» (*Por qué*, p. 190).

El párrafo que sigue esta cita es como una plegaria a la Virgen; pero, con la diferencia de que en el caso de Jicotea el narrador dice «Pobre chata criatura terrestre, tan poco alzada sobre el suelo, era la única que así se había elevado por encima de todos; la única de su raza que de tan alto contemplara a la Tierra aplastada a sus pies...».

Debemos mencionar también el simbolismo del ritual cuando visten a Jicotea con traje de pájaro, ya que en algunas tradiciones como la africana, la amerindia, y entre los chamanes siberianos —entre otras— los hombres se visten con trajes de plumas para representar la peregrinación o el viaje maravilloso.

Bien sabemos que Jicotea en varios de los cuentos siente deseos de volar, quiere salir de su carapacho duro, terrenal, y transcender, porque volar en el simbolismo tradicional es liberar el espíritu de las limitaciones terrenales, es el transcender a un estado suprahumano, sin necesidad de la magia, de la cual se sirve Jicotea para el resto de sus andadas. Por eso, cuando Efufúnla lanza a Jicotea al vacío, éste cree volar; y, por unos instantes verdaderamente «vuela», antes de estrellarse contra la tierra.

El encuentro de Jicotea con la Muerte requiere mucha astucia y paciencia por parte de Jicotea. El sabe que tiene que alejar, y hacer esperar a la Muerte, para dar tiempo a la naturaleza a que le cure las heridas de su carapacho, roto en pedazos, y las del resto de su cuerpo. De esta forma, con humildad fingida, le pide a la muerte que aguarde; y cuando ya se siente bien, la aleja a pedradas.

Efufúnla, el ventarrón, es uno de los auxiliares del cuento; se le personifica de una forma poética, porque él puede enloquecerse, tener furias y otras veces ser tranquilo y blando para con las aves de la laguna. Sin embargo, ante todo debemos tener en cuenta de que él es el responsable del despedazamiento del carapacho de Jicotea, y de su confrontación con la Muerte.

La Muerte es un auxiliar sobrenatural, que viene diariamente a buscar a Jicotea, hasta que se aburre, y así con su permiso, Jicotea sigue viviendo, gracias a la terquedad y resistencia física que lo caracterizan.

En el próximo cuento los protagonistas son, de nuevo, dos hermanos gemelos, quienes otra vez nos traen a la mente a los Ibeyes sagrados de las creencias africanas. El relato es «Por qué... las nariguetas de los negros están hechas de fayanca».

Es común encontrar la presencia del símbolo de los hermanos gemelos en la mayor parte de las tradiciones primitivas y en las mitologías relativas a las altas culturas, por ejemplo: los Ashwins védicos, Liber-Libera, Rómulo-Remo, Mitra-Varuna, Isis-Osiris, Apolo-Artemisa, Castor-Pólux, los Ibeyes yorubas, entre otros. Generalmente, los gemelos divinos son hijos de la unión de deidades con humanos, o son hijos de dioses que han sido enviados a la tierra; su sentido simbólico más generalizado es el siguiente: uno significa la porción eterna del hombre, herencia del padre celeste y el otro la mortal; sin embargo, en las creencias africanas, los gemelos son deidades iguales, y aunque uno es más débil que el otro se les debe venerar por igual. Los Ibeyes tienen el poder de retrasar la muerte de sus protegidos. Por estas y otras razones los niños gemelos, para los yorubas, son la encarnación de las deidades gemelas llamadas Taewo y Kainde.

En este cuento específico los mellizos logran obtener del diablo Lukankansa que les dé narices, porque su cántico que produce chispas es mágico, y con él pueden prender fuego al taller del diablo alfarero y echarle a perder su negocio. Los gemelos utilizan el fuego como medio para asustar, y aparentemente castigar si fuese necesario, la testarudez de Lukankansa; porque los pueblos primitivos consideran el fuego un demiurgo, procedente y representante del sol en la tierra, y el que está íntimamente relacionado con el rayo y el relámpago.

Entre otros de sus muchos simbolismos este elemento tiene una finalidad purificadora, destructora de las fuerzas del mal; también posee la dualidad de generar el bien aportando el calor vital y de producir el mal, destruyendo, incendiando.

En un sentido general, el fuego simboliza la purificación,

fuerza, energía, defensa, destrucción, entre otras cosas. Tengamos en cuenta, además, que el fuego y la llama son ambivalentes siempre, pudiendo ser divinos o demoníacos, creadores o destructores; por eso, al comenzar un fuego reactivamos el acto de la Creación.

Por otra parte, tenemos como antagonista a un ser sobrenatural, Lukankansa, diablo alfarero que hace narices con arcilla bruja, el cual es producto de la imaginación de la autora.

Sin embargo, Lukankansa es más diablo por darles narices a los que pueden pagárselas que por el mero hecho de serlo, ya que deja a los que no pueden comprárselas —los negros— con ganas de tenerlas, creando así un mercado único para los blancos. Lukankansa es, en realidad, una crítica de la sociedad que siempre ha favorecido a unos cuantos a detrimento de otros muchos, y es por eso que no se le describe a él, sino lo que hace.

Sólo la astucia del oprimido —en este caso los negros—, representados por los mellizos, puede a veces lograrles obtener ciertos «lujos», de otra forma inaccesibles para ellos.

Por último, llegamos al relato intitulado «Por qué... el mono perdió el fruto de su trabajo», en el que un mono astuto es el protagonista y un hombre perezoso en el antagonista.

Este mono del que hablamos es también muy trabajador, y siempre acaba por hacer todo lo que deja sin terminar el perezoso de Juan Gangá, en su sembrado de arroz. Además, el mono sabe que si juega bien sus cartas, su labor «invisible» producirá frutos.

Ante todo debemos recordar, como hemos dicho con anterioridad, que el mono, para el africano, no está ligado con lo sobrenatural; su astucia y todas sus acciones son bien de este mundo. En las creencias africanas, tanto como en las tradicionales, el mono es símbolo de la impudencia, la curiosidad, la malicia, y los bajos instintos. Todos estos atributos los posee el mono del cuento, al igual que sus compañeros; es impúdico porque mira y remira el cuerpo de Viviana Angola; es curioso porque abandona en alboroto insensato su trabajo con tal de tratar de averiguar que es lo que le brilla y suena a Viviana Angola; es travieso porque se mete donde no lo llaman, aprovechándose de la haraganería del dueño del sembrado para sembrar su propio alimento.

Juan Gangá es el dueño del sembrado, pero es tan perezoso que nunca termina lo que empieza. Pero, a Juan lo salva la confianza que tiene en su mujer, quizá porque en ella ve todas esas cualidades que a él le faltan, sobre todo el empeño y el amor al trabajo. Viviana Angola es la mujer de Juan, y es la auxiliar en el cuento. Ella es una africana conga, que quiere a su marido, pero que no le ciega la pasión. Las cualidades de Viviana son muchas, es trabajadora, inteligente, siempre está alegre y es capaz de encontrarle solución a cualquier problema que se presente, también sabemos que no es rencorosa; sin embargo, su más importante atributo es que ella es astuta, y sabe aprovecharse de su belleza y sensualidad para no perder la cosecha de arroz, que es en parte de su marido.

Concluimos con la certeza de haber puesto en relieve a los personajes según sus funciones, pero tampoco hemos olvidado el dejarles sus atributos innatos, ya que bien sabemos que existen dos divisiones o esferas en el cuento maravilloso: la del autor de la acción (el personaje), y las acciones en sí mismas (las funciones).

En la esfera del personaje encontramos atributos que le pertenecen y que dan colorido al relato, y que varían según la realidad histórica del momento, sin contar las influencias de la religión, la tradición, y las leyendas nacionales. O sea, según el lugar donde se encuentren nuestros personajes, según el escenario en el cual se desarrollen, tendrán cualidades y atributos diferentes, como bien hemos podido ver con personajes como Jicotea, el elefante, el mono, los dioses, entre otros.

Sin embargo, las funciones en nuestros dos esquemas nucleares siempre permanecen constantes, y es por eso que se pueden introducir en los esquemas todos los elementos que se agrupan alrededor de las funciones. Por otro lado, aunque las funciones sean siempre las mismas, lo que abre posibilidades sin fin son los atributos dados a los personajes, sus cualidades, características, a veces humanas o mágicas, otras ancestrales o divinas, sin olvidar las características rituales, míticas o religiosas que algunos de los personajes poseen, gracias a la repetición de los rituales ancestrales que mantiene siempre en el subconsciente colectivo del mundo ese pasado mítico de la humanidad.

Ya bien nos dice Propp en su *Morfología del cuento,* que desde el punto de vista histórico el cuento maravilloso en su base morfológica es un mito, y nosotros agregamos que el estudio antropomórfico de los personajes y sus funciones, en un cuento, está relacionado sin lugar a dudas con el pasado mítico, religioso, épico, o simplemente con el folklore de una nación, el cual siempre permanece aliado a su historia, a su filosofía y a su tradición.

CONCLUSION

El Universo fue creado por Olodumare,
el dios Creador, y en él procreó con
su mujer Yemu a su hijo Obatalá.
Entregó su reino a su hijo y se retiró
del mundo. Todo el Universo le
obedece por ser el padre de Obatalá,
el Creador del género humano.
Olodumare entregó su creación a su
heredero Obatalá para que éste la
continuara. Obatalá es la mano
derecha de Olodumare, y su ejecutor
en la Creación.

Credo Yoruba

En la mentalidad africana, como ya hemos señalado en el Prólogo, el Gran Creador símbolo de la vitalidad primordial, el que ha engendrado todo, crea un Universo y lo abandona. Sin embargo, «La Creación resultó ser un poderoso y continuo nacimiento»;[1] y desde el principio hasta el fin de los siglos el Universo seguirá regenerándose continuamente, pasando por etapas de desequilibrio necesarias, que lo reintegrarán al equilibrio inicial. La ecuación equilibrio/desequilibrio/equilibrio aparece desde el Génesis: 1) Dios crea el Universo, 2) Dios lo abandona, 3) el Universo resucita, recreándose con la vitalidad heredada de su Creador; y así, continuamente, la creación sobrevive en un eterno movimiento de Creación/Muerte/Resurrección, que se refleja en la

1. Léopold S. Senghor, *Anthologie de la nouvelle poésie nègre et malgache de langue française.* París, 3a. ed., Presses Universitaires de France, 1972, pág. 32.

ecuación equilibrio/desequilibrio/equilibrio. Esta ecuación ha servido de punto de partida a nuestros modelos nucleares; luego hemos puesto a prueba la dicha ecuación a través de un estudio morfológico-esquemático de los cuentos negros le Lydia Cabrera. Hemos tenido conciencia de que todo ritual, como lo es toda repetición de esta ecuación primordial, lleva siempre al hombre a un momento de unión con el principio de todos los principios. Como resultado de nuestra investigación hemos encontrado veinte y nueve cuentos en los que esta fusión cósmica se repite gracias a las maniobras de astucia, de venganza o de mejoramiento.

Con nuestro estudio hemos señalado, a su vez, la importancia que tiene en los cuentos negros escogidos el retorno al equilibrio inicial, el que a veces es perturbado por un desequilibrio que tiene que ser suprimido inmediatamente.

Por otra parte, nuestro estudio nos ha permitido probar que el tema de la astucia, el de la venganza, y el del mejoramiento encajan dentro de la ecuación equilibrio/desequilibrio/equilibrio, gracias al desarrollo de los esquemas nucleares propuestos. A su vez, como en las doctrinas africanas todo lo terreno está en directa comunicación con el equilibrio del Universo, nosotros hemos podido observar que la literatura africana y afroamericana también respetan este principio.

En lo que respecta a los cuentos negros de Lydia Cabrera hemos probado, primero, que estos pueden encajar en un estudio morfológico-esquemático; segundo, que como obras literarias establecen una función socio-ideológica, que en este caso es la de presentar la esencia del hombre afroamericano y la de salvaguardar los antiguos mitos africanos, particularmente el de la secuencia equilibrio/desequilibrio/equilibrio, correspondiente al orden universal engendrado en el Génesis africano.

Esta función socio-ideológica antes mencionada se lleva a cabo en los cuentos negros de Lydia Cabrera porque su obra transpira lo afroamericano. Lydia sigue el camino de Fernando Ortiz, poniendo en claro el verdadero significado de la cultura afrocubana, la cual, hasta hace unos veinte y cinco o treinta años, ha sido mal comprendida y repudiada por muchos, por no ser compatible con la literatura blanca. Como respuesta a la injusticia cometida contra lo afroamericano, la autora plasma en sus libros sus hallazgos de lo autóctono, transformando lo oriundo en arte; por otra parte salvaguarda con su obra los mitos africanos, traídos a su patria en versión oral por los esclavos yorubas principalmente.

En conclusión deseamos hacer hincapié en la importancia del aporte de la literatura afroamericana a la narrativa del Continente Americano. En primer término, este género presenta una temática nueva que es legítimamente americana, la que nos hace apreciar y reconocer la importante aportación de una cultura y los valores vitales de una raza que, por motivos históricos, se ha visto obligada a convivir con otra. Segundo, la literatura afroamericana ha puesto al descubierto los valores expresivos de un grupo racial que ha sido dejado de lado, y ha demostrado el valor transcendente de su aporte a la cultura regional. Tercero, gracias a la literatura afroamericana nos hemos empapado de un lenguaje lleno de fuerza onomatopéyica y de ritmos alucinantes que enriquecen la concepción narrativa americana de fuente europea. La literatura negra está llena de color y ritmo; aunque también puede manifestar el dolor y el desgarramiento de una raza que ha sufrido mucho, acercándonos de esta forma a la comprensión de la verdadera naturaleza del hombre negro y su medio.

Recordemos que son varios los focos afroamericanos independientes que se han establecido en América, uno en las Antillas de habla inglesa y en los Estados Unidos, otro en las Antillas de habla francesa, y un tercero en las Antillas de habla española, en Brasil y en la región del Río de la Plata. Sin embargo, de todos estos focos, el de mayor importancia se sitúa entre Cuba y Puerto Rico, en donde aparecen «los tres grandes del género»: Nicolás Guillén, Emilio Ballagas, y Luis Palés Matos.

La producción afroamericana es abundante; sin embargo, su universalidad sólo empieza a ser reconocida porque la comprensión de este género necesita que penetremos dentro del impulso y del sentimiento de la raza, para que la narrativa transcienda. Por todas estas razones expuestas anteriormente, creemos que se le debe señalar a la narrativa afroamericana un lugar de honor en la literatura americana.

Por último queremos enfatizar que nuestro esmero y labor han sido justificados por el deseo de rendir homenaje, aprecio y reconocimiento a la narrativa afroamericana, a través de la obra de una autora cubana, poco conocida, Lydia Cabrera. Su obra nos ha permitido llevar a cabo un estudio morfológico-esquemático, que no ha sido experimentado con anterioridad en el campo de lo afroamericano.

APENDICE SOBRE LA AUTORA

Lydia Cabrera, autora de cuentos negros

Lydia Cabrera nace en La Habana, el 20 de mayo de 1900, hija de una familia criolla acomodada de principios de siglo. Durante su niñez Lydia estudia principalmente con tutores en su propia casa, debido a su naturaleza enfermiza, lo que contribuye a que su aprendizaje sea en cierta forma caprichoso y no siga el rigor didáctico.

Es una niña muy imaginativa, con un gran espíritu indagador. Su padre, Raimundo Cabrera, contribuye decisivamente a su formación cultural, pero su hermana mayor, Emma, es para ella casi una madre, y sobre todo es el apoyo necesario para el desarrollo del ingenio vivo de la futura autora, y de su imaginación sin límites. Emma acepta sin dudar todos los cuentos que la pequeña Lydia inventa, no como productos de ficción, sino como una realidad que emana de otro nivel del pensamiento. Otra fuente de contribución, la mayor, son las «tatas» negras, que forman parte de todo hogar blanco cubano en aquella época, no sólo como domésticas, sino como casi un familiar más para los niños de la casa. Los relatos de un mundo tan maravilloso como el africano, penetran indeleblemente en la mente de Lydia, y crean el primer puente que años más tarde acercará a la autora a todo lo relacionado con el mundo negro. En ese mundo blanquinegro del hogar criollo cubano, Lydia aprende el modo de vida de los negros, sus dichos, sus mágicas historias que parecen ser tan reales, los dolores y las alegrías de esa raza, y sin buscarlo penetra en la psicología del mundo negro por el mero convivir diario. Sin embargo sólo es años más tarde que Lydia regresa con todo su ser a ese mundo de su niñez, primero a través del arte, y luego a través del intelecto.

Durante su adolescencia su primer amor es la pintura y tiene un marcado interés por la decoración interior, el cual la hace aparecer como la primera mujer profesional en decoración interior en Cuba. Durante este período de los años veinte, Lydia se aleja de lo negro, y principalmente se dedica a la pintura. Realiza varios viajes entre París y Cuba, pero en 1922 permanece en París hasta 1939 para continuar sus estudios de arte, matriculándose en l'Ecole du Louvre. Es en París, interesándose por las civilizaciones orientales, que vuelve al espíritu de Lydia el interés por el mundo negro. Vuelve por un corto período a Cuba, en 1930, y comienza a indagar sobre la cultura afrocubana. Este paso no hubiera tenido éxito, ya que el hombre blanco no es normalmente aceptado en los umbrales de la tradición negra, sin la ayuda continua de sus antiguas «tatas», ya negras viejas, las cuales conociéndola bien, y poniendo su confianza en la «mundele» (mujer blanca) Lydia, y sabiendo que ella jamás les ocasionará mal alguno, la «inician» en sus creencias.

En esos meses en Cuba, Lydia constata la fuerte fusión cultural blanquinegra del pueblo cubano, y sobre todo la persistencia de la tradición africana en el negro cubano, aún cuando se les ha impuesto una cultura y una tradición blancas tan diferentes a la suya. Sus descubrimientos son la entrada mágica a lo que años más tarde se convertirá en el mundo de los cuentos de Lydia Cabrera.

Regresa a París después de unos meses en Cuba, y es allí, que comienza a escribir cuentos negros, con el solo fin de proporcionarle un poco de gozo y distracción a su amiga Teresa de la Parra, que se muere, en su juventud, de tuberculosis.

Sus primeros cuentos negros, que no forman ningún volumen aún, son leídos en tertulias, y finalmente aparecen publicados en *Cahiers du Sud*, *Revue de Paris*, y *Les Nouvelles Littéraires*; más tarde, sus cuentos son traducidos al francés por Francis de Miomandre, y publicados en 1936 por la editora Gallimard.

Lydia Cabrera regresa a Cuba en 1939, por la inminencia de la guerra, pero regresa con una sólida formación y una idea definitiva. La autora regresa llena de las influencias francesas del momento, lo cual se ve en su estilo literario, fuertemente impresionada por las ideas de André Breton. Una vez en su patria, Lydia comenzará a trabajar sin respiro en sus indagaciones sobre lo negro, con una conciencia de la necesidad prevalente de salvar para la posteridad el legado de la civilización afrocubana, en una forma humana, más que antropológica; trabajo que la llevará hasta los confines de la poesía que encierra ese mundo, de la musicalidad, y de la visión del universo africano.

En sus libros *Cuentos negros de Cuba, Por qué,* y *Ayapá,* la autora inmortaliza la poesía, la música y el concepto vital de las manifestaciones primitivas de una civilización en vía de desaparición.

En otros libros como *El monte, La sociedad secreta Abakuá, Anagó, Anafourana: Los símbolos de la sociedad secreta Abakuá,* y otros, Lydia Cabrera ha recogido los fundamentos antropológicos, religiosos, y culturales del legado afrocubano.

Pero es en su obra literaria, más que en la antropológica, donde gozamos del mundo poético, musical y maravilloso de la autora, llamada por Guillermo de Torre en su artículo «Literatura de color», el «Esopo negro»[1] de su generación.

Antes y después de la primera guerra mundial el arte de inspiración negra está en voga por toda Europa; todos los artistas, especialmente los franceses, dedican su tiempo a obras inspiradas en las tradiciones y costumbres africanas. Todo lo europeo siempre llega a América, y una vez más el arte de inspiración negra hace furor en diferentes países de la América.

Lydia Cabrera que como sabemos vive en Francia en este período, pertenece a ese movimiento, que aunque emana del «vanguardismo», tiene que separarse del mismo, ya que sus matices son diferentes, propios, sus objetivos específicos, y posee horizontes sociológicos que a la literatura de vanguardia no le interesa penetrar.

El afroamericanismo de los años veinte y treinta, al que se llamó «negrismo», aparece como un fenómeno divergente del «purismo». La poesía pura y la poesía negrista, que al principio aparecen unidas en el ansia de renovación artística y de descubrimiento, llegan a ser finalmente en la práctica tendencias opuestas, ya que el negrismo literario mezcla idiosincracias y al mismo tiempo recursos y proyecciones. Sin embargo, no podemos olvidar que el movimiento «negrista», aunque termina siendo autóctono del movimiento «vanguardista» le debe a éste su aceptación en todos los «milieux» ya que la libertad sin trabas y la irreverente desorbitación del vanguardismo facilitan nuevas vías de expresión, dejando detrás las tendencias tradicionales.

Lydia siendo parte de este movimiento, y viviendo en París, acoge en el surrealismo de André Breton las teorías freudianas

1. Guillermo de Torre: «Literatura de color», *Revista Bimestre Cubana,* XXXVIII, 1936, pág. 11.

que tratan de la relación entre el sueño, fantasía y creación literaria. En ese surrealismo que proviene de Breton, Tsara y otros que deambulaban por el París de los años veinticuatro al treinta, encuentra Lydia un lazo de unión con sus recuerdos de niñez.

Pero Lydia Cabrera no tiene interés en búsquedas de lo «mágico» en el ocultismo europeo u oriental. A ella le basta recoger y ordenar el mundo negro de su país de origen, el cual es infinitamente más rico en posibilidades poéticas que la astrología del sueño, y la mentalidad mítica colectiva.

Más que las doctrinas de Breton, la pintura surrealista ejerce un impacto en Lydia, probablemente por su vocación pictórica. Esto lo observamos en las descripciones tan vívidas de la autora. El surrealismo de Lydia Cabrera es solamente inicial, ya que en su obra no hay la desesperación humana, ni cósmica. En los cuentos de la autora hay una feliz armonía entre los humanos y la naturaleza, que a veces se ve nublada por un elemento transgresor que desaparecerá para que la normalidad se restablezca. En sus cuentos hay una aceptación de las leyes naturales, como la vida, las enfermedades, la muerte. Todos estos elementos ya la separan del surrealismo per se, aunque siempre quedan modalidades del mismo en ciertos momentos de su obra.

Lydia Cabrera, aunque influenciada por las corrientes vanguardistas, surrealistas, de su época, pertenece más bien a un grupo de escritores que utiliza el afán surrealista de encontrar un plano de la realidad en el cual converjan la realidad y el sueño, para crear en sus escritos un enfoque diferente de la realidad de los indios y de los negros de América. A este grupo también pertenecen Alejo Carpentier y Miguel Angel Asturias —ambos residentes como ella, en este período del 1920 al 30, en París—. Vale decir que la concepción mágico-mítica de la realidad de los negros y de los indios de América proviene de una tradición viva, y no científica; su interpretación del mundo es «vital».

La relación que existe entre la ficción de sus cuentos y la realidad cotidiana es la de todo trabajo superrealista.[2] O sea, la ficción de Lydia Cabrera es ese modo «nuevo» de representar la realidad, a través del descubrimiento de nuevas esferas de realidad, y la implicación de nuevas experiencias e interpretaciones de la realidad. Su ficción da cabida al irracionalismo y por lo tanto a la

2. Superrealista: Quede aclarado que en el caso específico de Lydia Cabrera hablamos del superrealismo como lo concibe C. Goic, en su libro *Historia de la novela hispanoamericana,* Valparaíso, Chile, 2a. ed., Ediciones Universitarias, 1980.

ambigüedad, al mito, al sueño, a lo absurdo. El tiempo de la narración no será cronológico, externo, objetivo; sino que será un tiempo espacializado en varios casos, interior y subjetivo.

El mundo de la ficción es una realidad maravillosa, crédula y sin mistificaciones; realidad que pertenece a la experiencia contemporánea de la invensión imaginista. Teniendo en cuenta esta afirmación podemos decir que la narrativa de Lydia Cabrera muestra la autenticidad de la fuerza telúrica, lo religioso primitivo, y la extraordinaria subsistencia de lo primitivo en el universo contemporáneo.

Los cuentos negros de Lydia Cabrera abandonan las largas descripciones y los prolongados desarrollos de la literatura latinoamericana del siglo XIX por una narrativa donde las imágenes pesan más que las palabras. Su ficción contiene la elaboración mítica y mágica del superrealismo, o sea la revelación de una realidad maravillosa escondida —la africana— que convive en medio de un mundo blanco y cristiano.

ambigüedad, al mismo sueño, a lo absurdo. El elemento de la fantasía no será considerado externo, objetivo, sino que será un tiempo especulativo entre varios espacios interiores y subjetivos.

El mundo de la ficción es una realidad maravillosa, creíble en cuanto encarna la realidad que pertenece a la experiencia contemporánea de la juventud norteamericana. Pensando en que esta afirmación podemos decir que la narrativa de Lydia Cabrera muestra la autenticidad de la fuerza mágica, lo religioso primitivo y la extraordinaria subsistencia de lo primitivo en el universo contemporáneo.

Los cuentos negros de Lydia Cabrera anticipan la larga descripción y los posteriores desarrollos de la literatura latinoamericana del siglo XX por una narrativa donde las imágenes pesan más que las palabras. Su función continúa la elaboración mítica y mágica del superrealismo, o sea la presentación de una realidad maravillosa escondida — y alucinante — que convive en medio de un mundo blanco y cristiano.

BIBLIOGRAFIA

I: OBRAS DE LYDIA CABRERA

CABRERA, LYDIA. *Anaforuana: ritual y símbolos de la iniciación en la sociedad secreta Abakuá.* Madrid, Ediciones C. R., 1975.

—, *Anaforuana: ritual y símbolos de la iniciación en la sociedad secreta Abakuá.* Miami, Ediciones Universal, 1976.

—, *Anagó: vocabulario lucumí* (El yoruba que se habla en Cuba). Prólogo de Roger Bastide. La Habana, Ediciones C. R., Col. del Chicherekú, 1957, 326 p.

—, *Anagó: vocabulario lucumí* (El yoruba que se habla en Cuba). Prólogo de Roger Bastide. Miami, 2.ª ed., Ediciones Cabrera y Rojas, Col. del Chicherekú en el exilio, 1970, 326 p.

—, *Ayapá: cuentos de Jicotea.* Zaragoza, Ediciones Universal, 1971, 269 p.

—, «Babalú Ayé-San Lázaro. Mitos y leyendas. (Ilustraciones de Hernán García): Guanaroca. La Tatagua. La cabeza de Patricio. San Félix, número 13. El diablo y la mujer». *La enciclopedia de Cuba.* San Juan-Madrid, Editorial Playor, Tomo 6 (Folklore), 1974, pp. 268-303.

—, «Boloya». *La enciclopedia de Cuba.* San Juan-Madrid, Editorial Playor, Tomo 6, (Folklore), 1974, p. 384.

—, «Cholé la holgazana y su buena vecina Daraya». *La enciclopedia de Cuba.* San Juan-Madrid, Editorial Playor, Tomo 6, (Folklore), 1974, p. 388.

—, «Como a Jicotea la coronaron Rey». *La enciclopedia de Cuba,* San Juan-Madrid, Editorial Playor, Tomo 6 (Folklore), 1974, p. 386.

—, *Contes nègres de Cuba.* Traducido al francés por Francis de Miomandre. París, Gallimard, 1936.

—, *Cuentos negros de Cuba.* Prólogo de Fernando Ortiz. La Habana, Imprenta La Verónica, 1940.

—, *Cuentos negros de Cuba.* Prólogo de Fernando Ortiz. La Habana, 1959.

—, *Cuentos negros de Cuba.* Prólogo de Fernando Ortiz. La Habana, Ediciones Nuevo Mundo, 1961, 150 p.

—, *Cuentos negros de Cuba.* Prólogo de Fernando Ortiz. Madrid, Ediciones C. R., Col. del Chicherekú en el exilio, 1972, 174 p.

—, «Cuentos negros de Cuba». *Estudios Afrocubanos.* 2, 1938, pp. 58-71.

—, *Cuentos para adultos, niños y retrasados mentales.* Miami, Ultra Graphic Corp., Col. de Chicherekú en el exilio, 1983.

—, «Cundió brujería mala». *Selección de cuentos cubanos.* La Habana, Ministerio de Educación, Ediciones Nuevo Mundo, 1962, pp. 29-31.

—, «Damas». *Journal of Caribbean Studies.* v. 1, no. 1, winter 1980, pp. 1-2.

—, «Eggüe o Vichichi finda». *Revista Bimestre Cubana.* La Habana, LX, 1947, pp. 42-120.

—, «El baile de las Cucarachas y las Gallinas». *La enciclopedia de Cuba.* San Juan-Madrid, Editorial Playor, Tomo 6 (Folklore), 1974, p. 394.

—, «El dueño de Ewe (Oluwa-Ewe)». *Memoire de l'Institut Français de l'Afrique Noire.* París, XXVII, 1963, pp. 169-180.

—, «El granito de arena». *La enciclopedia de Cuba.* San Juan-Madrid, Editorial Playor, Tomo 6, (Folklore), 1974, p. 383.

—, «El Indísime Bebe la Mokuba que lo consagra Abakuá». *Lunes de Revolución.* La Habana, no. 2, marzo 30, 1959, pp. 5-6.

—, *El monte: igbo finda, ewe orisha, vititinfinda (Notas sobre las religiones, la magia, las supersticiones y el folklore de los negros criollos y del pueblo de Cuba).* La Habana, Ediciones C. R., 1954.

—, *El monte: igbo finda, ewe orisha, vititinfinda (Notas sobre las religiones, la magia, las supersticiones y el folklore de los negros criollos y del pueblo de Cuba).* Miami, 2.ª ed., Rema Press, 1968, 573 p.

—, *El monte: igbo finda, ewe orisha, vititinfinda (Notas sobre las religiones, la magia, las supersticiones y el folklore de los negros criollos y del pueblo de Cuba).* Miami, 3.ª ed., Ediciones C. R., Col. de Chicherekú en el exilio, 1971.

—, *El monte: igbo finda, ewe orisha, vititinfinda (Notas sobre las religiones, la magia, las supersticiones y el folklore de los negros criollos y del pueblo de Cuba).* Miami, 4.ª ed., Ediciones Universal, 1975, 564 p.

—, *El monte. Piante e Magia: Religioni, medicina, e folklore delle culture afrocubane.* Traducción y prólogo de Laura González. Milano, Rizzoli editore, Col. L'Ornitorinco, 1984.

—, *El monte.* Traducido al inglés por Morton Marks. Introducción de John Szwed y Robert Thompson. New York, 1984.

—, «El sincretismo religioso de Cuba. Santos, Orisha, Ngangas, Lucumís, y Congos». *Orígenes.* La Habana, no. 36, 1954, pp. 8-20.

—, *Francisco y Francisca: chascarrillos de negros viejos.* Miami, Peninsular Printing Inc., 1976, 70 p.

—, «Francisco y Francisca». *Caribe,* no. 2, otoño 1977.

—, «Francisco y Francisca». *Repertorio latinoamericano.* V. 5, número 40, octubre-diciembre, 1979, p. 29.

—, «Historia de Elewá Echeún y de lo que le aconteció con su hermano envidioso y Ekué Kekeré, la Jutía». *La enciclopedia de Cuba.* San Juan-Madrid, Editorial Playor, Tomo 6 (Folklore), 1974, p. 391.

—, «Iemanjá en Cuba». *Iemanjá e Suas Lendas.* Río de Janeiro, ed. Zora A. Seljan, Gráfica Record, 1967, pp. 49-58.

—, *Itinerarios del insomnio, Trinidad de Cuba.* Miami, Ediciones C. R., Peninsular Printing Inc., 1977, 68 p.

—, *Koeko iyawó, aprende novicia: pequeño tratado de regla lucumí.* Miami, Ultra Graphics Corp., 1980, 231 p.

—, «La Ceiba y la sociedad secreta Abakuá». *Orígenes.* La Habana, VII, no. 25, 1950, pp. 16-47.

—, «La Jicotea endemoniada». *Orígenes.* La Habana, VI, no. 24, invierno 1949, pp. 3-9.

—, *La laguna sagrada de San Joaquín.* (Fotografías de Josefina Tarafa). Madrid, Ediciones Erre, 1973, 105 p.

—, *La medicina popular en Cuba.* Miami, Ediciones Universal, 1984.

—, *La Regla Kimbisa del Santo Cristo del Buen Viaje.* Miami, Peninsular Printing Inc., Col. del Chicherekú en el exilio, 1977.

—, *La sociedad secreta Abakuá, narrada por viejos adeptos.* La Habana, Ediciones C. R., 1958.

—, *La sociedad secreta Abakuá, narrada por viejos adeptos.* Miami, Ediciones C. R., Col. del Chicherekú en el exilio, 1970, 296 p.

—, «La virtud del árbol dagame». *Antología del cuento en Cuba.* La Habana, Ministerio de Educación, Ed. Salvador Bueno, 1953, pp. 141-146, 392 p.

—, «Más diablo que el diablo». *Vuelta.* V. 5, no. 60, nov. 1981, pp. 7-9.

—, «Música de los cultos africanos en Cuba». Notas de L. Cabrera para Burgay LP Records.

—, «Nota preliminar». *Trinidad de Cuba.* La Habana, Ed. Esteban de Varona, 1946.

—, «Notas sobre Africa, la negritud y la actual poesía yoruba». *Revista de la Universidad Complutense.* Madrid, vol. XXIV, no. 95, 1975, pp. 9-58.

—, *Otán Iyebiyé: las piedras preciosas.* Miami, Ediciones Universal, 1970.

—, *Otán Iyebiyé: las piedras preciosas.* Miami, Ediciones C. R., Col. del Chicherekú en el exilio, 1970.

—, «Oyé Ogbó. Refranes y ejemplos. Como enseñaban a sus hijos los viejos lucumíes y taitas criollos. Refranes criollos. Refranes Abakuá. Refranes Lucumí (Yoruba)». *La enciclopedia de Cuba.* San Juan-Madrid, Editorial Playor, Tomo 6 (Folklore), 1974, pp. 349-382.

—, *¿Por qué? Cuentos negros de Cuba.* La Habana, Ediciones C. R., Col. del Chicherekú, 1948.

—, *¿Por qué? Cuentos negros de Cuba.* Madrid, Ediciones C. R., Col. del Chicherekú en el exilio, 1972.

—, *Pourquoi: nouveaux contes nègres de Cuba.* Traducido al francés por Francis de Miomandre. París, Gallimard, Col. La Croix du Sud, 1954, 316 p.

—, *Refranes de negros viejos.* La Habana, Ediciones C. R., 1955.

—, *Refranes de negros viejos.* Miami, Ediciones C. R., Col. del Chicherekú en el exilio, 1970.

—, *Reglas de Congo: Palo Monte Mayombe.* Miami, Peninsular Printing Inc., Col. del Chicherekú en el exilio, 1979, 225 p.

—, «Ritual y símbolos de la Iniciación en la sociedad secreta Abakuá». *Journal de la Societé des Américanistes.* París, LVIII, 1969, pp. 139-171.

—, «Tres cuentos (El insomnio de un marinero; Romualdo Nalganes; ¡Se va por el río!)». *Escandalar.* V. 3, no. 2, Apr.-June, 1980, pp. 60-63.

—, «Turtle's Horse». *From the Green Antilles.* New York, Ed. Barbara Howes, MacMillan, 1966, pp. 275-276.

—, «Un buen hijo». *Cuentos cubanos contemporáneos.* México, José Antonio Portuondo, Editorial Leyenda, 1947, pp. 93-104.

—, «Walo-Wila». *From the Green Antilles.* New York, Ed. Barbara Howes, MacMillan, 1966, pp. 277-279.

—, «Y así fue...». *El tiempo.* New York, (Página Literaria), 18 de enero, 1970.

—, *Yemayá y Ochún: Kariocha, Iyalorichas y Olorichas.* Madrid, Ediciones C. R., 1974, 359 p.

—, *Yemayá y Ochún.* Prólogo y bibliografía de Rosario Hiriart. New York, 2.ª ed., Ediciones C. R., Distribución exclusiva E. Torres, Eastchester, 1980, 370 p.

II: ESTUDIOS, ARTICULOS Y CONFERENCIAS SOBRE LYDIA CABRERA Y SU OBRA

ACOSTA SAIGENS, MIGUEL. «El monte de Lydia Cabrera». *Revista Bimestre Cubana.* La Habana, LXXI, 1956, pp. 286-287.

ALFARO, MARÍA. «Novela». *El Sol.* Madrid, 14 de marzo, 1936.

ARCOCHA, JOSÉ ANTONIO. «Vislumbración de Lydia Cabrera». *Alacrán azul.* 1, 1, 1970, pp. 6-7.

BAQUERO, GASTÓN. «Lydia Cabrera en Madrid». *Pueblo.* Madrid, 1971.

BEN-UR, LORRAINE ELENA. «Diálogo con Lydia Cabrera». *Caribe.* 2, 2, 1971, pp. 131-137.

CARPENTIER, ALEJO. «*Cuentos negros* por Lydia Cabrera». *Carteles.* La Habana, 1940.

—, «Los cuentos de Lydia Cabrera». *Carteles.* La Habana, 28, 41, 1936, p. 40.

CARNEIRO, LEVÍ. «El movimiento afrocubano enjuiciado en el Brasil». *El Nuevo Mundo.* La Habana, marzo 30, 1941.

CASSOU, JEAN. «Poésie, Mythologie Américaine». *Les Nouvelles Littéraires.* París, mai 2, 1936.

CASTELLANOS, ISABEL MERCEDES. «The use of language in Afro-American religion». (Tesis doctoral, Georgetown University, Washington, diciembre, 1976).

FERNÁNDEZ ARRONDO, E. «*Cuentos negros de Cuba*». *Diario La Marina.* La Habana, 1940.

FERNÁNDEZ, WILFREDO. «Puntos de vista». *Réplica.* Marzo 30, 1970, p. 16.

FIGUEROA, ESPERANZA. «Lydia Cabrera: *Cuentos negros de Cuba*». *Revista Sur*. Julio-dic., 349, 1981, pp. 89-97.

GARCÍA VEGA, LORENZO. «Entrevistando a Lydia Cabrera». *Escandalar*. V. 4, no. 4, octu.-dic., 1981, pp. 80-86.

GONZÁLEZ, MANUEL PEDRO. «Cuentos y recuentos de Lydia Cabrera». *Nueva revista cubana*. 1, 2, 1959, pp. 153-161.

GORDO-GUARINOS, FRANCISCO. «El negrismo de Lydia Cabrera visto con perspectiva de España». Congreso de literatura afroamericana: Homenaje a Lydia Cabrera. Florida International University, noviembre, 1976.

—, «El negrismo de Lydia Cabrera visto con perspectiva de España». *Homenaje a Lydia Cabrera*. Miami, eds. Reinaldo Sánchez y José Antonio Madrigal, Ediciones Universal. Col. Polymita, 1978, pp. 25-30, 350 p.

GRANDA, GERMÁN DE. «Un caso más de influencia canaria en Hispanoamérica (Brujería isleña en Cuba)». *Revista de dialectología y tradiciones populares*. Madrid, XXIX, 1-2, 1973, pp. 155-162. (Referencias acerca de la brujería y la magia en *El monte*, de Lydia Cabrera [La Habana, 1954], que indican la importancia de la migración de las prácticas y creencias africanas desde las Islas Canarias hacia Cuba).

GUZMÁN, CRISTINA. «Diálogo con Lydia Cabrera». *Zona franca*. no. 24, 1981, pp. 34-38.

HIRIART, ROSARIO. «Algunos apuntes sobre *Cuentos negros*». *Vida universitaria. México*, junio 1976, XXV, no. 1298, pp. 5-16.

—, «El tiempo y los símbolos en los *Cuentos negros de Cuba*». Congreso de literatura afroamericana: Homenaje a Lydia Cabrera. Florida International University, noviembre, 1976.

—, «El tiempo y los símbolos en *Cuentos negros de Cuba*». *Homenaje a Lydia Cabrera*. Miami, eds. Reinaldo Sánchez y José Antonio Madrigal, Ediciones Universal, Col. Polymita, 1978, pp. 31-34, 350 p.

—, «En torno al mundo negro de Lydia Cabrera». *Cuadernos hispanoamericanos*. No. 359, 1980, pp. 433-440.

—, «En torno al mundo negro de Lydia Cabrera». *Américas*. 32, 3, 1980, pp. 40-42.

—, «La expresión viva en la ficción: Lydia Cabrera e Hilda Perera». *Círculo*. 8, 1979, pp. 125-131.

—, «Lydia Cabrera and the world of Cuba's blacks». *Américas*. Traducido al inglés. 32, 3, 1980, pp. 40-42.

—, *Lydia Cabrera: Vida hecha arte.* New York, Eliseo Torres & Sons, 1978.

—, *Lydia Cabrera: Vida hecha arte.* Miami, Ediciones Universal, 1983.

IDUARTE, ANDRÉS. «Lydia Cabrera, *Cuentos negros de Cuba*». *Revista Hispánica Moderna.* New York, vol. VII, no. 3-4.

INCLÁN, JOSEFINA. *Ayapá y otras otán iyebiyé de Lydia Cabrera.* Miami, Ediciones Universal, Col. Polymita, 1976.

IRIZARRY, ESTELLE. «Lydia Cabrera, fabuladora surrealista». *The contemporary Latin American short story.* New York, ed. Rose S. Minc, Senda Nueva, 1979, pp. 105-111.

—, «Review of *Lydia Cabrera: vida hecha arte* by Rosario Hiriart». *Nivel.* No. 195, 31 de marzo, 1979, p. 10.

JIMÉNEZ, JULIO. «Review of *Lo ancestral africano en la narrativa de Lydia Cabrera* de Rosa Valdés-Cruz». *Hispania.* V. 59, no. 1, marzo, 1976, p. 181.

JOSEPHS, ALLEN. «Lydia and Federico: towards a historical approach to Lorca studies». *Journal of Spanish Studies: twentieth century.* 6, 1978, pp. 123-130.

LAMA, SONIA DE. «Review of *Homenaje a Lydia Cabrera*». *Hispania,* v. 63, no .1, marzo, 1980, p. 159.

LEÓN, ARGELIERS. «*El monte,* de Lydia Cabrera». *Nuestro tiempo.* 2, 7, 1955, pp. 15-16.

LEÓN, JULIO. «El tema afrocubano de Lydia Cabrera». Payne College, Raleigh, N. C., 1975. (Conferencia).

LEVINE, SUZANNE JILL. «A conversation with Lydia Cabrera». *Review.* (Jan-apr. 31), 1982, pp. 13-15.

LEZAMA LIMA, JOSÉ. «El nombre de Lydia Cabrera». *Tratados de La Habana.* Universidad Central de Las Villas, Departamento de Relaciones Culturales, 1958, pp. 144-148.

MADRIGAL, JOSÉ ANTONIO. «El mito paradisíaco y la poesía afrocubana contemporánea». *Homenaje a Lydia Cabrera.* Miami, eds. Reinaldo Sánchez y José Antonio Madrigal, Ediciones Universal, Col. Polymita, 1978, pp. 35-39, 350 p.

MENDICUTTI, EDUARDO. «*Ayapá: Cuentos de Jicotea*». *Estafeta Literaria.* No. 496, julio, Madrid, 1972.

MIOMANDRE, FRANCIS DE. «Introduction». *Contes nègres de Cuba de Lydia Cabrera.* París, Gallimard, 1936, pp. 9-15.

—, «Sobre *El monte,* de Lydia Cabrera». *Orígenes.* No. 39, 1955, 75-78.

MONTES HUIDOBRO, MATÍAS. «Itinerario del ebó». *Círculo.* 8, 1979, pp. 105-114.

—, «Lydia Cabrera: observaciones estructurales sobre su narrativa». Congreso de literatura afroamericana: Homenaje a Lydia Cabrera. Florida International University, noviembre, 1976.

—, «Lydia Cabrera: observaciones estructurales sobre su narrativa». *Homenaje a Lydia Cabrera.* Miami, eds. Reinaldo Sánchez y José Antonio Madrigal, Ediciones Universal, Col. Polymita, 1978, pp. 41-50, 350 p.

NOULET, EDMOND. «Lydia Cabrera». *La Nouvelle Revue Française.* mai, 1936, p. 798.

NOVÁS CALVO, LINO. «*El monte*». *Papeles de Son Armadans.* Palma de Mallorca, no. 150, septiembre 1968, pp. 298-304.

—, «Los cuentos de Lydia Cabrera». *Exilio.* New York, 3, 2, 1969, pp. 17-20.

ORTIZ, FERNANDO. «Dos nuevos libros del folklore afrocubano». *Revista Bimestre Cubana.* 42, 1938, pp. 307-319.

—, «Lydia Cabrera, una cubana afroamericanista». *Crónica.* La Habana, 1, 3, marzo, 1949, pp. 7-8.

—, «Prólogo». *Cuentos negros de Cuba* de Lydia Cabrera. Nuevo Mundo, 1961, pp. 9-12.

ORTIZ APONTE, SALLY. «*La virtud del árbol Dagame,* de Lydia Cabrera». *La esoteria en la narrativa hispanoamericana.* Puerto Rico, Universidad de Puerto Rico, Editorial Universitaria, 1977, pp. 231-238.

PERERA SOTO, HILDA. «El aché de Lydia Cabrera». Congreso de literatura afroamericana: Homenaje a Lydia Cabrera. Florida International University, noviembre, 1976.

—, «El aché de Lydia Cabrera». *Homenaje a Lydia Cabrera.* Miami, eds. Reinaldo Sánchez y José Antonio Madrigal, Ediciones Universal, Col. Polymita, 1978, pp. 51-59, 350 p.

—, *Idapó, el sincretismo en los cuentos negros de Lydia Cabrera.* Miami, Ediciones Universal, 1971, 118 p.

—, «Recordando a Teresa de la Parra con Lydia Cabrera». *Romances.* IV, 1967, pp. 64-98.

PITA, JUANA ROSA. «*Cuentos para adultos, niños y retrasados mentales* de Lydia Cabrera». *Vuelta.* V. 8, no. 86, enero 1984, pp. 35-36.

R. B. «Los negros en Cuba». *Indice de artes y letras.* No. 127, 24, 1959, Cabrera inter alios.

RODRÍGUEZ-FLORIDO, JORGE. «La función del doble en los *Cuentos negros* y en *Por qué...*». Congreso de literatura afroamericana: Homenaje a Lydia Cabrera. Florida International University noviembre, 1976.

—, «La función del doble en los *Cuentos negros* y *Por qué...*». *Homenaje a Lydia Cabrera.* Miami, eds. Reinaldo Sánchez y José Antonio Madrigal, Ediciones Universal, Col. Polymita, 1978, pp. 61-71, 350 p.

RODRÍGUEZ TOMEU, JULIA. «*Cuentos negros de Cuba*». *Cuadernos Americanos.* México, VII, 2, 1949, pp. 279-281.

RUIZ DEL VIZO, HORTENSIA. «La función del monte en la obra de Lydia Cabrera». Congreso de literatura afroamericana: Homenaje a Lydia Cabrera. Florida International University, noviembre, 1976.

—, «La función del monte en la obra de Lydia Cabrera». *Homenaje a Lydia Cabrera.* Miami, eds. Reinaldo Sánchez y José Antonio Madrigal, Ediciones Universal, Col. Polymita, 1978, pp. 73-82, 50 p.

SÁNCHEZ-BOUDY, JOSÉ. «La armonía universal en la obra de Lydia Cabrera». Congreso de literatura afroamericana: Homenaje a Lydia Cabrera. Florida International University, noviembre, 1976.

—, «La armonía universal en la obra de Lydia Cabrera». *Homenaje a Lydia Cabrera.* Miami, eds. Reinaldo Sánchez y José Antonio Madrigal, Ediciones Universal, Col. Polymita, 1978, páginas 83-92, 350 p.

—, «Review of *Lo ancestral africano en la narrativa de Lydia Cabrera* by Rosa Valdés-Cruz». *Explicación de textos literarios.* V. 5, no. 1, 1976, p. 112.

SANTOS, DÁMASO. «Nuevo encuentro con Lydia Cabrera». *Línea.* Murcia, 12 de octubre, 1975.

TORRE, GUILLERMO DE. «Literatura de color». *Revista Bimestre Cubana.* 38, 1936, pp. 5-11, Lydia Cabrera inter alios.

VALDÉS-CRUZ, ROSA. «African heritage in folktales». *Actes du VIIe. Congrès de l'Association Internationale de Littérature Comparée.* Bieber, Stuttgart, 1979, pp. 327-330.

—, «El realismo mágico en los *Cuentos negros* de Lydia Cabrera». *Otros mundos otros fuegos: fantasía y realismo mágico en Iberoamérica.* East Lansing, Michigan, Instituto Internacional de Literatura Iberoamericana, Michigan State University, Latin American Studies Center, 1975, pp. 206-209.

—, *Lo ancestral africano en la narrativa de Lydia Cabrera.* Barcelona, Editorial Vosgos, 1974, 113 p.

—, «Los cuentos de Lydia Cabrera: «¿transposiciones o creaciones?». Congreso de literatura afroamericana: Homenaje a Lydia Cabrera. Florida International University, noviembre 1976.

—, «Los cuentos de Lydia Cabrera: ¿transposiciones o creaciones?». *Homenaje a Lydia Cabrera.* Miami, eds. Reinaldo Sánchez y José Antonio Madrigal, Ediciones Universal, Col. Polymita, 1978, pp. 93-99, 350 p.

—, «Mitos africanos conservados en Cuba y su tratamiento literario por Lydia Cabrera». *Chasqui.* 3, 1, 1973, pp. 31-36.

—, «The short stories of Lydia Cabrera: transpositions or creations?». *Latin American women writers: yesterday and today.* Pittsburgh, Latin American Literary Review, 1977, pp. 148-154.

Verger, Pierre. *Cuba: 196 photos de Pierre Verger.* Prefacio y notas de Lydia Cabrera. Paris, P. Hartmann, 1958.

Viera, Ricardo. «Arte visual en la palabra de Lydia Cabrera». Congreso de literatura afroamericana: Homenaje a Lydia Cabrera. Florida International University, noviembre, 1976.

—, «Arte visual en la palabra de Lydia Cabrera». *Homenaje a Lydia Cabrera.* Miami, eds. Reinaldo Sánchez y José Antonio Madrigal, Ediciones Universal, Col. Polymita, 1978, pp. 101-108, 350 p.

Willis, Miriam De Costa. «Folklore and the Creative Artist: Lydia Cabrera and Zora Neale Hurston». *College Language Association Journal.* Sept.; 27 (1), 1983, pp, 81-90.

Zambrano, María. «Lydia Cabrera, poeta de la metamorfosis». *Orígenes.* La Habana, VII, no. 25, 1950, pp. 11-15.

III: MATERIALES DE CONSULTA

A. LA TEMATICA NEGRA

Amor, Rosa Teresa. «Afro-Cuban folklore tales as incorporated into the literary tradition of Cuba». *Dissertation abstracts international.* 30, 1969, 2517A.

Bascom, William, R. «The Yoruba in Cuba». *Cuadernos Americanos.* III, no. 14, 1944, pp. 184-189.

—, «Yoruba acculturation in Cuba». *Les Afro-Americains, Memoirs de l'Institut Français d'Afrique Noire.* 163, 1953.*

BRATHWAITE, EDWARD KAMAU. «Presencia africana en la literatura del Caribe». *Africa en América Latina.* París, Siglo XXI, 1977, pp. 152-184.

—, «The African Presence in the Caribbean literature». *Daedalus.* 103, 1904, pp. 73-109.

BUSTAMANTE, JOSÉ ANGEL. «El sacrificio totémico en el barroco ñáñigo». *Revista Bimestre Cubana.* La Habana, LXXI, 1957, pp. 29-63.

CARPENTIER, ALEJO. «Afrocubanismo». *La música en Cuba.* México, Fondo de Cultura Económica, 1946.

—, *Ecué-Yamba-O.* Buenos Aires, Editorial Xanandú, 1968, 231 p.

COULTHARD, G. R. «El afrocubanismo». *Raza y color en la literatura antillana.* Sevilla, 1958, pp. 39-62.

COURLANDER, HAROLD. *Tales of Yoruba Gods and Heroes.* New York, Ed. Crown, 1973.

CROS SANDOVAL, MERCEDES. *La religión afrocubana.* Madrid, Ed. Playor, 1975, 295 p.

FERNÁNDEZ DE CASTRO, JOSÉ ANTONIO. «El aporte negro en las letras de Cuba en el siglo XIX». *Revista Bimestre Cubana.* La Habana, 38, 1936, pp. 46-66.

GARCÍA, CALIXTO. *El negro en la narrativa cubana.* New York, City University of New York, 1973.

GARCÍA AGÜERO, SALVADOR. «Lorenzo Menéndez (o Meléndez). El negro en la educación cubana». *Revista Bimestre Cubana.* La Habana, XXXIX, 1937, pp. 347-365.

—, «Presencia africana en la música nacional». *Estudios Afrocubanos.* 1937, pp. 114-127.

GARCÍA BARRIO, CONSTANCE S. DE. «The black in post-revolutionary Cuban literature». *Revista/Review Interamericana.* 8, 1978, páginas 263-270.

GAY CALBÓ, ENRIQUE. «Sobre glosario de afronegrismo por Fernando Ortiz». *Cuba Contemporánea.* XXXIX, 1925, pp. 108-112.

GORDILS, JANICE DORIS. «La herencia africana en la literatura cubana de hoy». *Dissertation abstracts international.* 37, 1977, 5865A.

* Toda reseña sin paginación se debe a la imposibilidad de conseguirla.

GUIRAO, RAMÓN. *Cuentos y leyendas negras de Cuba.* La Habana, Ediciones Mirador, 1942.

HANSEN, TORRENCE LESLIE. «The Types of the Folktale in Cuba». *Folklore Studies.* VIII, 1957, pp. 122-135.

HERSKOVITS, MELVILLE J. and FRANCES S. HERSKOVITS. *Dahomean Narrative.* Evanston, Northwestern University Press, 1958.

—, *The new world negro.* Bloomington, London, Ed. Frances S. Herskovits, 1966.

—, «The Study of African Oral Art». *Journal of American Folklore.* LXXIV, 1961, pp. 451-456.

IRAIZOZ y del VILLAR, ANTONIO. «La oratoria sagrada en Cuba». *Lecturas cubanas.* 2.ª ed., («Hermes») 1939, pp. 137-168.

JACKSON, RICHARD, L. *The Afro-Spanish American author; an annotated bibliography of criticism.* New York, Garland, 1980.

JOHNSON, LEMUEL A. «Cuba and Afro-Latin radicalism: Context and literature in a paradigm». *Journal of Caribbean Studies.* 1, 1980, pp. 74-103.

LEÓN, RENÉ. *La poesía afrocubana su origen histórico y la temática de la muerte.* Charlotte, N. C., 1975.

MALINOWSKI, BRONISLAW. «Educación y transculturación de los negros». *Revista Bimestre Cubana.* LXXIV, 1944.

MONTERO DE BASCOM, BERTA. «Influencias africanas en la cultura cubana». *Ciencias Sociales.* V, no. 27, 1954, pp. 98-102.

NOBLE, ENRIQUE. «Aspectos étnicos y sociales de la poesía mulata latinoamericana». *Revista Bimestre Cubana.* LXXIV, 1958, páginas 166-179.

OJO-ADE, FEMI. *African literature today: Africa, America and the Caribbean.* New York, Africana, 1978.

—, «De origen africano, soy cubano: African elements in the literature of Cuba». *African literature today.* 9, 1978, pp. 47-57.

ORTIZ, FERNANDO. «Cuentos afrocubanos». *Archivo del Folklore Cubano.* La Habana, IV, no. 2, 1929, pp. 97-112.

—, *El engaño de las razas.* La Habana, Edición Páginas, 1946, 428 p.

—, «El origen de la tragedia y los ñáñigos». *Bohemia. La Habana,* XLII, 1950, pp. 26-28, 138-141.

—, *Glosario de afronegrismos.* La Habana, Imprenta El Siglo XX, 1924.

—, «Hampa afrocubana: Los negros esclavos». *Revista Bimestre Cubana.* La Habana, 1916.

—, *Historia de una pelea cubana contra los demonios*. Santa Clara, Universidad Central Marta Abreu, Departamento de Relaciones Culturales, 1959.

—, *La africanía de la música folklórica de Cuba*. La Habana, Ministerio de Educación, Dirección de Cultura, 1950.

—, *La africanía de la música folklórica de Cuba*. La Habana, 2.ª ed., Ministerio de Educación, 1965.

—, «La cubanidad y los negros». *Estudios Afrocubanos*. La Habana, III, nos. 1-4, 1939, pp. 3-15.

—, «La fiesta afrocubana del día de Reyes». *Revista Bimestre Cubana*. La Habana, XV, 1920, pp. 25-26.

—, «La música africana en Cuba». *Revista de Arqueología y Etnología*. La Habana, segunda época, I, 1947, pp. 233-235.

—, «La música sagrada de los negros yorubas en Cuba». *Estudios Afrocubanos*. La Habana, II, 1938, pp. 88-104.

—, «Los afronegrismos de nuestro lenguaje». *Revista Bimestre Cubana*. La Habana, XVII, 1922, pp. 321-336.

—, *Los bailes y el teatro de los negros en el folklore de Cuba*. La Habana, Ediciones Cárdenas y Cía., 1951.

—, «Los cabildos afrocubanos». *Revista Bimestre Cubana*. La Habana, XVI, 1921, pp. 6-32.

—, *Los instrumentos de la música afrocubana*. La Habana, Ministerio de Educación, Dirección de Cultura, 1952.

—, *Los negros brujos*. Miami, 2.ª ed., Ediciones Universal, Col. Ebano y Canela, 1973, 259 p.

—, «Los negros y la transculturación». *La nueva democracia*. New York, XXXI, 1951, pp. 34-38.

—, «Los Santos de la religión lucumí». *Bohemia*. La Habana, 1937, pp. 18-19, 51-52.

—, «Martí y las razas». *Revista Bimestre Cubana*. La Habana, XLVIII, 1941, pp. 203-231.

—, «Origen de los afrocubanos». *Cuba Contemporánea*. La Habana, XI, 1916, pp. 213-229.

—, «Origen geográfico de los afrocubanos». *Revista Bimestre Cubana*. La Habana, LXXII, 1957, pp. 225-247.

—, «Por la integración cubana de blancos y negros». *Revista Bimestre Cubana*. La Habana, LI, 1943, pp. 256-272.

—, «Por la integración cubana de blancos y negros». *Los mejores ensayistas cubanos*. La Habana, ed. de Salvador Bueno, Organización Continental de los Festivales del Libro, 1959.

—, «Procedencia de los negros de Cuba». *Cuba y América.* La Habana, XX, 6, 1905, pp. 91-92.

—, *Wilfredo Lam y su obra vista a través de significados críticos.* La Habana, Ministerio de Educación, Dirección de Cultura, 1 v. (Cuadernos de arte, 1), 1950, (sin paginar).

PATEE, RICHARD. «La América Latina presta atención al negro». *Revista Bimestre Cubana.* La Habana, XXXVIII, 1936, pp. 17-23.

—, «The Negro in Hispanic American Civilization». *University of Miami Hispanic American Studies.* Coral Gables, Florida, ed. Robert E. McNicoll et al., 1939, pp. 168-181.

SACO, JOSÉ ANTONIO. *Historia de la esclavitud de la raza africana en el nuevo mundo y en especial en los países Américo-Hispanos.* La Habana, Colección de Libros Cubanos, ed. Fernando Ortiz, vol. 37, 1938.

SCHULMAN, IVAN A. «Reflections on Cuba and its antislavery literature». *Southeastern Council on Latin American Studies.* 7, 1976, pp. 59-67.

VALDÉS-CRUZ, ROSA. *La poesía negroide en América.* New York, Las Américas Publishing Co., 1970.

—, «The Black Man's Contribution to Cuban Culture». *The Americas.* V. 34, no. 2, 1977, pp. 244-251.

VESEY, PAUL. *Elfenbeinzähne — Ivory Tusks.* Heidelberg, Rothte, 1956, 47 p.

B. LA MITOLOGIA Y LO FANTASTICO

BARTHES, ROLAND. *Mythologies.* Paris, eds. du Seuil, 1957.

BESSIÈRE, IRÈNE. *Le récit fantastique; la poétique de l'incertain.* Paris, Larousse, 1974, 256 p.

BETTELHEIM, BRUNO. *The uses of enchantment.* New York, Alfred A. Knopf, 1976.

—, *Bhagavad Gita.* Traducido del sánscrito por Juan Mascaro. England, Penguin Books, 1962.

BURROWS, E. «Some cosmological patterns in Babylonian religion». *The Labyrinth.* London, ed. S. H. Hooke, 1935.

CARTER, LIN. *Imaginary worlds.* New York, Ballantine, 1973.

DAVIDSON, H. R. ELLIS. *Gods and myths of Northern Europe.* Baltimore, Penguin, 1964.

ELIADE, MIRCEA. *Aspects du mythe.* París, Gallimard, 1963.

—, *Cosmos and History*. New York, The Library of Religion and Culture, ed. Benjamin Nelson, Harper & Row, 1967.

—, *Images et symboles: essais sur le symbolisme magico-religieux*. Paris, Gallimard, 1952.

—, «La Mandragore et le mythe de la "naissance miraculeuse"». *Zalmoxis*. III, 1943.

—, *Le mythe de l'eternel retour*. Paris, Gallimard, 1969.

—, *El mito del eterno retorno*. Traducido del francés por Ricardo Amaya. Madrid-Buenos Aires, Alianza/Emecé, 1980.

—, *Le sacré et le profane*. Paris, Gallimard, 1965.

—, *Méphistophèles et l'Androgyne*. Paris, Gallimard, 1962.

—, *Mythes, rêves et mystères*. Paris, Gallimard, 1957.

—, *Myth and reality*. Traducido del francés por William R. Trask. New York, Harper Torchbooks, Harper & Row, 1968.

—, *Naissances mystiques: essai sur quelques types d'imitation*. Paris, Gallimard, 1959.

—, *Rites and Symbols of Initiation: The mysteries of birth and rebirth*. New York, The Library of Religion and Culture, ed. Benjamin Nelson, Harper & Row, 1967.

—, *Traité d'histoire des religions*. Paris, Payot, 1948.

FRAZER, J. G. *The Golden Bough: a study in magic and religion*. London, MacMillan & Co., 1967.

FRYRE, NORTHROP. *The secular scripture*. Cambridge, Harvard University Press, 1976.

GRAVES, ROBERT. *The Greek Myths*. London, vols. I & II, a Pelican Original, Penguin books, 1969.

GREIMAS, A. J. «Eléments pour une théorie de l'interprétation du récit mythique». *Communications*. 8, 1966, pp. 28-59.

HAMILTON, EDITH. *Mythology: Timeless tales of Gods and Heroes*. New York, A Mentor Book, The New American Library, Copyright 1942, (impreso 25 veces) (s. f.).

IRWIN, W. R. *The game of the impossible*. Urbana, Ill., University of Illinois Press, 1976.

MANLOVE, C. N. *Modern fantasy: five studies*. Cambridge, Cambridge University Press, 1975.

OLDERMAN, RAYMOND. *Beyond the wasteland*. New Haven, Yale University Press, 1972.

RABKIN, ERIC S. *Fantastic worlds: myths, tales and stories*. Oxford, N. Y., Oxford University Press, 1979.

—, *The fantastic in literature*. Princeton, New Jersey, Princeton University Press, 1976, 234 p.

RANK, OTTO. *The myth and the birth of the Hero*. Traducido por F. Robbins. New York, Robert Brunner, 1952.

RISCO, ANTONIO. *Literatura y fantasía*. Madrid, Taurus, 1982, 272 p.

—, *Literatura y figuración*. Madrid, Biblioteca Románica Hispánica, Editorial Gredos, 1982, 279 p.

SCHAYA, LEO. *The universal meaning of the Kabbalah*. Baltimore, Maryland, Penguin Metaphysical Library, Penguin Books, 1973.

TODOROV, TZVETAN. *Introduction à la littérature fantastique*. Paris, Editions du Seuil, 1970, 187 p.

—, *The fantastic: A structural approach to a literary genre*. Traducido del francés por Richard Howard. Ithaca, N. Y., Cornell University Press, 1975, 180 p.

TUCK, DONALD. *The encyclopedia of science fiction and fantasy*. Chicago, Advent, vol. I, 1974; vol. II, 1978.

VAX, LOUIS. *L'art et la littérature fantastiques*. Paris, 4 ed., Presses Universitaires de France, 1974, 127 p.

C. LA MITOLOGIA Y LO FANTASTICO EN AFRICA Y AFROAMERICA

ACHÁNOVE, CARLOS A. «La santería cubana». *Revista Bimestre Cubana*. LXXII, no. 1, 1957, pp. 21-35.

ADESANYA, ADEBAYO. «Yoruba Metaphysical Thinking». *Odú*. Idaban, V, 1958, pp. 36-41.

ARROM, JOSÉ J. «La Virgen del Cobre: Historia, leyenda y símbolo sincrético». *Certidumbre de América*. 2.ª ed., Editorial Gredos, S. A., 1971.

BARNET, MIGUEL. «La religión de los yorubas y sus dioses». *Actas del Folklore Cubano*. I, enero, 1961, pp. 9-16.

BASCOM, WILLIAM. «The Focus of Cuban "Santería".» *Journal of Anthropology*. VI, no. 1, 1950. pp. 64-68.

—, «The Relationship of Yoruba Folktales to Divining». *Journal of American Folklore*. LVI, 1943, pp. 127-131.

BOURGUIGNON, ERIKA E. «Afro-American Religions: Traditions and Transformations». *Black America*. New York, ed. John F. Szwed, Basic Books, 1970, pp. 190-202.

CÉSAIRE, AIMÉ. *Cahier d'un retour au pays natal.* Paris, Ed. Présence Africaine, 1971, 155 p.

COULTHARD, G. R. «El mito indígena en la literatura hispanoamericana contemporánea». *Cuadernos Americanos.* XXVII, CLVI, no. 1, 1961, pp. 165-173.

DEREN, MAYA. *Divine horsemen, the living gods of Haiti.* London, Thames & Hudson, 1953, 340 p.

DIETERLEN, GERMAINE. *Essai sur la religion bambara.* Paris, Presses Universitaires de France, 1951, 235 p.

GONZÁLEZ-WIPPLER, MIGENE. *Santería: African Magic in Latin America.* New York, Julian Press, 1973.

GRIAULE, MARCEL. *Dieu d'eau.* Paris, Fayard, 1966, 215 p.

HERSKOVITS, MELVILLE. «American Gods and Catholic Saints in New World Negro Belief». *American Anthropologist.* XXXIX, 1951, pp. 635-643.

—, *The Myth of the Negro Past.* New York, Harper and Brothers Publishers, 1941.

JAHN, JANHEINZ. *Las literaturas neoafricanas.* Madrid, Ediciones Guadarrama, 1971.

—, *Muntu: Las culturas de la negritud.* Traducido del alemán por Jasmin Reuter. México, Fondo de Cultura Económica, 1.ª ed. en español, 1963, la reimpresión, 1978.

KAGAME, ALEXIS. *La philosophie bantu-rwandaise de l'être.* New York, Johnson Reprint Corp., 1966, 448 p.

—, *La poésia dynastique au Ruanda.* Bruxelles, Institut Royal Colonial Belge, 1951, 240 p.

—, *Umuliribya wa nyili iberemwa.* Ruanda, Astrida, 1952-1953.

—, *Umuliribya wa nyili iberemwa: La divine pastorale.* Traducción francesa. Bruxelles, Editions du Marais, 1952, 109 p.

LACHATAÑERÉ, RÓMULO. «El sistema religioso de los lucumís y otras influencias africanas en Cuba». *Estudios afrocubanos.* III, nos. 1-4, 1939, pp. 28-84; IV, nos. 1-4, 1940, pp. 27-388.

—, «Las religiones negras y el folklorismo cubano». *Revista Bimestre Cubana.* IX, nos. 1-2, 1943, pp. 138-143.

— , *¡Oh, mío Yemayá!.* Prólogo de don Fernando Ortiz. Manzanillo, Cuba, Editorial El Arte, 1938.

MÉTRAUX, ALFRED. *Haiti, la terre, les hommes, les dieux.* Neuchatel, La Baconnière, 1957, 109 p.

—, «Histoire du Vodou». *Présence africaine.* XVI, 1957, pp. 135-150.

—, «L'Afrique vivante en Haiti». *Présence africaine.* XII, 1951, pp. 13-21.

ORTIZ, FERNANDO. «La música religiosa de los yorubas entre los negros cubanos». *Estudios africanos.* V, 1940-1946, pp. 19-60.

—, «La "Tragedia" de los ñáñigos». Dedicado a Alfonso Reyes. *Cuadernos Americanos.* IX, no. 4, 1950, pp. 70-101.

SENGHOR, LÉOPOLD SÉDAR. *Anthologie de la nouvelle poésie nègre et malgache de langue française.* Paris, 3.ª ed., Presses Universitaires de France, 1972, 227 p.

—, *Chants d'ombres.* Paris, Editions du Seuil, Collection Pierre Vives, 1945.

—, *Chants pour Naett.* Paris, Editions Pierre Seghers, 1949.

—, *Ethiopiques.* Dakar, Les Nouvelles Editions Africaines, 1974, 112 p.

—, *Hosties noires.* Paris, Editions du Seuil, Collection Pierre Vives, 1948.

—, «L'esprit de la civilization ou les lois de la culture négro-africaine». *Présence africaine.* Paris, VIII-X, 1956, pp. 51-65.

SAN MARTÍN, HERNÁN. «La santería cubana: Notas sobre el folklore de la isla». *Anales de la Universidad de Chile.* No. 124, 1962, pp. 150-156.

TEMPELS, PLACIDE. *La philosophie bantoue.* Traducido del neerlandés por A. Rubbens. Paris, 3.ª ed., Editions Africaines, 1965, 125 p.

THOMPSON, STITH. «La mitología». *Folklore Americas.* XI, no. 1, 1951, 1.

—, «Myth and Folktale». *Journal of American Folklore.* LVIII, 1955, pp. 482-488.

TUTUOLA, AMOS. *The brave african huntress.* Ilustrado por Ben Enwonwu. London, Faber, 1958, 150 p.

—, *The palm-wine drinkard and his dead palm.* London, Faber & Faber, 1962, 125 p.

—, *My life in the bush of Ghosts.* Prólogo de Geoffrey Parrinder, London, Faber & Faber, 1954, 174 p.

—, *Simbi and the Satyr of the Dark Jungle.* London, Faber & Faber, 1955, 136 p.

VERGER, PIERRE. *Dieux d'Afrique.* Paris, Paul Hartmann Editeur, 1954, 192 p.

D. ESTUDIOS DE CARACTER TEORICO

ADAM, JEAN MICHEL ET JEAN PIERRE GOLDENSTEIN. *Linguistique et discours littéraire: Théorie et pratique des textes.* Paris, Larousse, Collection L., 1976, 350 p.

BARTHES, ROLAND. «Introduction a l'analyse structurale des récits». *Communications.* 8, 1966, pp. 1-27.

BENVENISTE, EMILE. *Problemes de Linguistique Générale.* I. II., Paris, Gallimard, 1966, 1974.

BREMOND, CLAUDE. «La logique des possibles narratifs». *Communications.* 8, 1966, pp. 60-76.

—, *La logique du récit.* Paris, Seuil, 1973.

—, «Le message narratif». *Communications.* 4, 1964, pp. 4-31.

DORSON, RICHARD M. «The Eclipse of Solar Mythology». *Journal of American Folklore.* LXVIII, 1955, pp. 393-416.

DUNDES, ALAN. «From Etic to Emic Units in the Structural Study of Folktales». *Journal of American Folklore.* 75, 296, 1962, p1-ginas 95-105.

—, «The Morphology of North American Indian Folktales». *Folklore Fellows Communications.* Helsinki, no. 195 (el artículo de Dundes abarca este número por completo), Ed. Helsinki, Academic Scientiarum Fennica, 1964, 134 p.

GENETTE, GÉRARD. *Figures: III.* Paris, Seuil, 1972.

GREIMAS, A. J. *Du sens.* Paris, Seuil, 1970.

—, *Sémantique Structurale.* Paris, Larousse, 1966.

HUMPHREY, ROBERT. *Stream of consciousness in the Modern Novel.* Berkeley, 1954.

JAKOBSON, ROMAN. *Essais de Linguistique Générale.* Paris, Ed. de Minuit, 1963, 1973.

LOWIE, R. «The Test-Theme in North American Mythology». *JAF.* XXI, 1908, 109.

MARTÍNEZ BONATI, FÉLIX. *La estructura de la obra literaria.* Barcelona, 3.ª ed., Barral, 1972.

PIKE, KENNETH L. *Language in Relation to a Unified Theory of Structure of Human Behaviour.* The Hague-Paris, 2d. ed., revised, Mouton & Co., 1967, 762 p.

PROPP. VLADIMIR. *Morphologie du conte.* Paris, Seuil, 1970.

TODOROV, TZVETAN. *Littérature et signification.* Paris, Larousse, 1967.

—, *Poétique.* Paris, Seuil, 1973.

E. ESTUDIOS DE CARACTER GENERAL

BRETON, ANDRÉ. *Manifestes du Surréalisme.* Paris, edition complète, J. J. Pauvert, 1972, 319 p.

BUENO, SALVADOR. *Los mejores cuentos cubanos.* La Habana, 2 vols., Organización Continental de los Festivales del Libro, 1959.

CIRLOT, JUAN EDUARDO. *Diccionario de símbolos.* Barcelona, Ed. Labor, S. A., 1981.

CONSIDINE, REV. JOHN J. «Across a World». Toronto-New York, Longinans, Green & Co., 1942, (Catholic Foreign Mission Society of America).

COOPER, J. C. *An illustrated encyclopedia of traditional symbols.* London, Thames & Hudson Ltd., 1978.

CORTÁZAR, AUGUSTO RAÚL. *Folklore y literatura.* Buenos Aires, Editorial Universitaria, 1964.

FLORES, ANGEL. «El realismo mágico en la narrativa hispanoamericana». *Hispania.* XXXVIII, 1955, pp. 187-192.

FROBENIUS, LEO. *Decamerón negro.* Traducido del alemán por Gladys Anfora. Buenos Aires, Ed. Losada, Col. L. E., 1979, 362 p.

FUENTES, CARLOS. *La nueva novela hispanoamericana.* México, Mortiz, 1969.

GOIC, CEDOMIL. *Historia de la novela hispanoamericana.* Valparaíso, Chile, 2.ª edición, Ediciones Universitarias, 1980.

GOODYEAR, RUSSELL HOWARD. *A critical anthology of contemporary Cuban short stories in translation.* Arkansas, University of Arkansas, 1978, 175 p.

GUILLÉN, NICOLÁS. *Summa poética.* Madrid, ed. Luis Iñigo Madrigal, Ediciones Cátedra, 1976, 299 p.

IBARZABAL, FEDERICO DE. *Cuentos contemporáneos.* La Habana, Ed. Trópico, 1937, 222 p.

LEAL, LUIS. «El realismo mágico en la literatura hispanoamericana». *Cuadernos Americanos.* CLII, 1967, pp. 230-235.

RIPOLL, CARLOS. *La generación del 23 en Cuba y otros apuntes sobre el vanguardismo.* New York, Las Américas Publishing Co., 1968.

SÁNCHEZ, JULIO C. *La obra novelística de Cirilo Villaverde.* Madrid, De Orbe Novo, 1973.

TORRE, GUILLERMO DE. *¿Qué es el superrealismo?* Buenos Aires, 2.ª edición, Columba, 1959.

VILLAVERDE, CIRILO. *Cecilia Valdés o la loma del ángel.* New York, Las Américas Publishing Co., 1964.

INDICE